미중 전략경쟁 시대를 위한
신新 한반도전략 제안

미중 전략경쟁 시대를 위한
신新 한반도전략 제안

2025년 11월 24일 초판 1쇄

지은이　한반도포럼
발행처　재단법인 한반도평화만들기
펴낸곳　도서출판 하다
출판등록　2009년 12월 4일, 제420-251002009000230호
주소　서울 중구 퇴계로 235, 211호
전화　02-2275-5326
ISBN　978-89-97170-80-7　03340

ⓒ 재단법인 한반도평화만들기, 2025

정가　18,000원

미중 전략경쟁 시대를 위한
신新 한반도전략 제안

한반도포럼 편

발간사

한반도 문제 해결을 위한 신(新) 사고(思考)

한국의 국가 정체성 중에서 가장 중요한 특징 중의 하나는 국제사회와 매우 높은 상호의존성을 가졌다는 점이다. 어떤 나라와 비교해도 비슷한 예를 찾기 어려울 만큼 두드러진 특징이다. 경제 상황, 외교안보 관계, 인적 교류, 정보통신 네트워크, K-pop, 그리고 북핵 문제에 이르기까지 국제사회와의 긴밀한 협조와 정교한 정책 조율이 우리의 운명을 결정한다고 해도 과언은 아니다. 결과적으로 국제사회의 불안정성이 높아지고 한 치 앞을 내다보기 어려운 국제질서 위기는 한국의 국가이익에 치명적인 요인이 될 수밖에 없다. 더구나 우리가 일상으로 상대하는 외교 상대국은 한결같이 세계 최강대국들이어서 한반도의 외교안보 환경을 개선하기 위한 우리의 노력은 한 순간도 마음을 놓을 틈이 없다.

트럼피즘은 국제질서 위기의 한 가운데에 자리 잡고 있다. 2차 대전 이후 생겨나고 성장한 자유주의 국제질서는 현실적으로 미국이 제공하는 글로벌 공공재(公共財)에 의존한 측면이 있다. 지난 80년의 전후(戰後) 질서에서 미국의 기여 없이 국제안보의 유지와 국제경제의 안정성은 상상하기 어렵기 때문이다. 하지만 세계 질서가 근본적으로 바뀌고 있다. 다자주의에 별로 관심이 없는 트럼프 대통령은 동맹 관계를 거래와 비용의 차원에서 접근하는 경향이 있고, 특히 모든 외교정책의 초점을 미중 전략 경쟁에 맞추고 있어서, 한국처럼 한미동맹을 가장 중요한 외교안보 자산으로 삼아온 나라의 입장에서는 지혜로운 외교 전략의 모색이 더욱 어려워지고 있는 현실이다. 미국뿐만이 아니다. 러·우 전쟁과 중국의 일등국가 프로젝트는 강대국 이기주의가 난무하게 만들어, 역사적으로 강대국 정치에 매우 민감했던 한반도에 또 다시 커다란 그림자를 드리우고 있다.

이런 상황에서 지금의 북한 문제는 한국전쟁 이후 최악의 상태로 꼬여 있다고 해도 지나치지 않다. 우크라이나 전선(戰線)에 참가는 물론 천안문 광장에서 북·중·러 삼국 정상이 나란히 회동하는 전례가 없는 행보를 보이면서, 소위 '적대적 두 개 국가론'을 외교적으로 실천하는 양상이다. 결국 한반도 신냉전은 언론에서 지칭한 레토릭의 영역이라는 지금까지의 평가가 무색해 지는 순간이다. 핵무력 고도화에 대한 김정은 위원장의 자신감 또한 북한 스스로를 정상국가로 부르기에 충분해 보인다. 이재명 정부 출범 이후 처음으로 열린 지난 8월 한미정상회담에서 양국은 북한을 향해 평화로운 관여정책을 적극적으로 전개하겠다고 공개적으로 천명한 점은 그나마 다행이다. 하지만 해당 정상회담이 여러 사안에 대해 큰 그림에서의 공감대만 있었을 뿐 구체적인 합의가 없었던 까닭에, 북한 문제를 포함한 한미 양국의 향후 실천이 어떻게 이어지는가는 결국 고스란히 우리 모두의 문제로 남게 되었다.

본 저서는 바로 이런 점에서 매우 중요한 의의를 가진다. 지난 한미 정상회담에서 첫 단추가 채워졌지만, 아직 채워지지 않은 많은 부분들에 대한 고민을 담고자 국내 최고 전문가들이 지혜를 모았다. 더욱이 올해는 실질적인 의미에서 분단 80년을 넘어서는 시점이다. 세계화 역시 30년을 훌쩍 넘어선 지 오래지만, 북한 문제와 한반도 외교안보 환경은 여전히 살얼음판을 걷고 있다. 결론적으로 지금까지 우리가 고민했던 방식으로는 아무런 문제가 해결될 수 없음을 깨닫게 된다. 한국 사회를 편 가르고 있는 많은 문제들, 통일 문제, 북핵 문제, 한미동맹, 한중관계, 남남갈등 등은 이제 우리가 가보지 않았던 가장 창의적인 방법으로 해결할 수밖에 없는 것이다. 좌우, 세대, 지역, 통일 vs. 평화, 핵무장 등을 둘러싼 이분법적 논리로는 우리는 한 치도 나아갈 수 없다. 바로 이런 이유에서 본 저서는 한반도 외교안보통일 문제를 통합적으로 접근하고자 하는 '한반도 문제' 관점을 위한 실천의 일환이다.

지금까지 재단법인 한반도평화만들기와 한반도포럼은 연구서 출간, 전문가 간담회, 대규모 회의, 국제학술회의, 정책 제안 등 다양한 방법을 통해 한반도 평화 정착을 위해 천착해 왔다. 특히 이 번에 발간되는 저서는 주요 영역에 있어서 구체적인 정책 제안을 목표로 하고 있는 바, 한국의 국가이익에 실질적인 도움이 될 것으로 기대한다. 지난 수개월 간 성심껏 지혜를 모아 온 저자들에게 진심으로 감사의 마음을 전하며, 이러한 노력이 한국과 국제사회 모두를 위한 성과로 돌아오기를 간절히 희망한다.

2025년 10월
한반도포럼

목차

—	**발간사.** 한반도 문제 해결을 위한 신(新) 사고(思考)	04
—	**전체 요약문.** 미중 전략경쟁 시대를 위한 신(新) 한반도전략 제안	11
01	트럼피즘의 등장과 한국의 대응 • **권만학**	25
02	북한의 '두 개의 국가론'과 한국의 대응 방안 • **박영호**	59
03	'한반도 신냉전' 정세 평가와 이재명 정부를 위한 한반도 비핵평화 전략 제안 • **전봉근**	89
04	이재명 정부의 대북정책과 통일정책 뉴 스타트 • **황지환**	117
05	이재명-트럼프 시대 한미동맹의 주요 현안과 대응책 • **박인휘**	141
06	트럼프 2.0시대 미·중 관계와 한반도 • **홍현익**	171
07	준(準)강대국 한국의 국민통합 기반 지속가능한 한반도정책 • **박명림**	203

전체 요약문

미중 전략경쟁 시대를 위한 신(新) 한반도전략 제안

강대국 정치가 만연하고 자유주의 국제질서의 위기가 본격화되면서, 한반도를 둘러싼 외교안보 환경은 더욱 악화되고 있다. 트럼피즘으로 상징되는 강대국 이기주의, 미중 경쟁의 심화, 권위주의 국가들의 연대 강화, 북한의 두 개 국가 주장 및 핵무장의 영구화 가능성 등은 악화된 우리 외교안보 환경의 핵심 요인들이다. 마침 한미 관계에서는 이재명 정부와 트럼프 2기 행정부가 만났다. 지금까지 양국 사이에 서로 다른 정치적 성향의 리더십이 만난 게 처음은 아니지만, 현재의 경우 유난히 향후 한미 관계가 안정적으로 관리될 수 있을지 우려의 목소리가 커지고 있다. 특히 지정학적으로 "끼인 국가"의 속성으로 인해 초강대국을 일상적인 외교 상대 국가로 대해야 하는 우리의 운명을 고려할 때, 이들 국가들에 비해 턱없이 부족한 외교안보 자산은 안타까운 현실이 아닐 수 없다. 외교안보 및 통일 문제는 우리 사회의 이념적 대립을 가속화시키는 경향이 커서 우리 스스로의 역량 손실이 상당하다는 점까지 고려하면, 한반도 평화와 궁극적인 통일을 위한 최고의 전략과 정책 개발은 가장 중요한 국가 과제임을 확인하게 된다. 이러한 배경에서 본 저서는 7개 정책 영역에 걸쳐 다음과 같은 정책들을 제안하는 바이다.

트럼피즘 이후에 대비한 외교안보전략의 리셋

트럼피즘은 지난 30년 동안 미국과 세계에서 나타난 변화에 대한 반응적 이데올로기로 등장했는데 그 배경은 세계화, 자유주의적 사회복지, 그리고 중국의 굴기 등 세 가지로 요약된다. 특히 중국의 패권적 굴기는 중국의 급성장이 미국의 희생 위에서 이루어졌다는 인식과 미국 패권에의 도전국이 되었다는 사실로 미국민들의 경각심을 일깨웠다. 일부 국민들이 대안으로서 트럼프의 MAGA(Make America Great Again) 운동 속으로 동원되었다. 트럼피즘은 기존의 자유주의 국제질서를 전전의 현실주의 세계로 되돌리는 것으로서 보호주의적 고관세 정책, 강대국 정치, 약소국 희생, 전쟁 가능성 증대, 지역 안보의 지역책임화 등을 수반하고 있다. 하지만 트럼프 임기 중 리쇼어링은 일어나기가 어렵고, 고관세가 수입 소비재 및 자본재에 미치는 영향으로 인한 스태그플레이션 가능성이 크며, 트럼프 대통령의 개인적 성향에 의존한 권위주의적 결정들은 상대국들의 시스템이 내리는 결정들보다 열등할 가능성이 크다. 결국 미국 유권자들과 시장의 부정적인 반응으로 이어져, 2026년 중간선거와 2028년 대선에서 정치적으로 환류될 가능성이 커 보인다. 그러나 향후 트럼피즘이 약화될 가능성이 크다고 하더라도, 개입주의 대 고립주의 논쟁의 지속과 같은 트럼피즘의 레거시도 존재하게 될 것이다.

트럼피즘과 오늘의 세계가 한국에 제기하는 도전들은 심각한 수준이다. 가장 중요한 포인트는 트럼피스트 미국과 포스트 트럼피스트 미국을 분리하여 경로 의존적으로 대응하는 방안을 마련해야 한다는 점이다. 예를 들어, 트럼피즘의 고관세에 대해서는 일단 수입을 확대하거나 수출을 줄이는 길을 피하기는 어려울 것이다. 양면게임을 해야 하는 한국 정부에게 대미수입 증대는 한국 동종 유치산업의 저항을 불러올 것이며 수출 축소 역시 비교우위 산업의 기세를 꺾을 수 있다. 3,500억 달러를 대미 투자 대 증여로 인식하는 한미 이견도 심각한 문제다. 이런 문제를 어느 정도 해결할 수 있어야 "당신 카드가 무엇인가"라고 묻는 트럼프 대통령에게 "트럼프 카드"를 내밀 수 있을 것이다. 한국의 입장에서 무엇보다도 미국의 국방비 인상 요구는 미중 패권 갈등과 연계될 가능성이 있다. 미중 사이에서 동맹의 연루(entrapment) 아니면 방기(abandonment)의 선택을 강하게 받게 될 것이다. 이 경우 한국으로서는 부담과 함께 새로운 중국 카드를 쥐는 셈도 함께 고려해야 한다. 북핵이 고도화, 다량화하는 상황에서 미국의 확장억지에 대한 신뢰도는 낮아질 수밖에 없고, 미국의 동의 없이는 불가능하더라도, 핵무장 가능성도 탐색할 필요가 있다.

'한반도 특수관계' 기반 한국의 "잠정적, 평화적 2국 체제" 제안

2023년 연말 김정은 정권은 남북관계를 "적대적인 두 국가 관계, 전쟁 중에 있는 두 교전국 관계"로 규정하는 '두 개의 국가론'을 들고 나왔다. 그리고 동일한 논리의 연장선에서 2025년 9월 '통일 불필요론'을 제기했다. 김정은 정권의 '두 개의 국가' 접근은 체제 방어적 국가운영 원리이자 사회주의 통치를 합리화하는 체제·사상 담론체계로서, 북한이 유지해오던 기존 남북관계와의 단절을 의미한다. 미국의 '대북 적대시 정책'에 대한 피포위 의식과 자유민주주의 체제로의 '흡수통일'에 대한 강박에서 벗어나지 못하는 한 김정은 정권의 독자 생존 전략으로서 '두 개의 국가' 전략은 계속 유지될 것이다. 참고로, 서독은 1972년 동서독 기본조약으로 동독의 국가성을 인정하면서도 국제법상 승인을 거부하면서 통일을 민족 과제로 추진하고 달성했다. 양독 관계는 법·제도적 장치를 통해 '내독 관계'이지만 사실상 '국가 간 관계'였으며 대외적으로 유엔의 원칙과 정신, 국제법·규범·관행을 따랐던 것이다. 분단 장기화와 국가 발전 등으로 한국 사회의 북한·통일에 대한 인식에서 많은 변화가 발생했다. 대북·통일정책의 핵심 기반은 국민 여론이다. '적대적 두 국가론' 평가, 동서독 사례, 한국 사회 및 국민의 통일의식 변화, 강대국 정치의 국제질서, 지속 가능한 장기 통일전략의 필요성 등을 고려하여 다음과 같은 정책을 제안한다.

- 북한 문제에 대한 정책 전문가 집단 및 기관의 합동·종합적인 객관적이고 엄밀한 분석·평가가 선행해야 한다. 그러한 분석 하에 미래 통일 주역 세대를 중심으로 자유민주주의 체제 및 대한민국의 정체성을 반영한 대북·통일정책을 구상·추진해야 하며, 우리는 한반도 전체에 대한 책임감과 의지로 북한 주민을 포함하는 전(全) 한국인에 대한 보호를 전제해야 한다.
- 헌법 제3조 '영토조항'과 제4조 '자유민주적 기본질서에 입각한 평화통일 조항'이 상호 모순적이지 않다는 점을 정립·선언하고, 이 입장 위에서 북한의 '국가성'을 사실상 인정해야 한다. '통일 시까지 평화 공존 두 국가' 전략을 수립하고, '남북기본조약' 체결의 추진 및 관련 국내적인 법적, 제도적 장치를 갖춰야 한다. 대한민국이 조선민주주의인민공화국(북한)을 국제법상으로 승인하는 것은 아니며, 기본적으로 두 국가의 관계는 '한반도 내부의 특수관계'이다.
- 남북한은 독립·주권적 행위 주체로서 유엔 회원국 지위와 같은 국제법 및 국제정치 현실에서 별개의 국가로서 행동·행위를 해온 관행을 상호 인정해야 한다. 이런 배경에서 안전 보장 및 북핵 문제 해결과 연동된 교차 승인 완성 등 과감한 정책 혁신 구상이 필요하다.
- 단·중기적으로 미국의 '힘을 통한 평화'와 북한의 '힘을 통한 평화' 간의 대립 구조 속에서 한국은 신중한 정책 구상·추진이 필요하며, 섣부른 유화정책은 큰 의미나 성과를 거두기 어렵다는 점을 신중히 고려해야 한다.

북한 핵무장 이후 한반도 비핵평화 전략

대북정책의 지속성과 효과성 제고를 위한 3개 추진 원칙으로 첫째, 국민적 합의에 기반하여 지속 가능한 대북정책을 수립해야 한다. 정권교체로 인한 대북정책의 급선회, 남남갈등으로 인한 대북정책의 혼선과 마비 등으로 국가적 신뢰성과 외교력이 하락하는 상황을 더 이상 방치해서는 안 된다. 둘째, 비현실적인 북한 붕괴론을 폐기하고 북한 당국을 정당한 대화 상대로 인정해야 한다. '북한 붕괴론'에 따른 제재 압박과 방치 및 '전략적 인내'의 대북정책은 북핵 외교의 최대 실패 요인으로 평가된다. 북한 붕괴 가능성이 더욱 낮아진 탈-탈냉전기를 맞아 북한 당국과의 지속적인 관여, 제재와 유인책의 혼합 등을 추진해야 한다. 셋째, 동북아 지정학과 연동된 대북 전략을 추진해야 한다. 탈냉전 초기에 유럽과 달리 동북아에서는 중국의 건재로 인해 역내 세력균형이 유지되면서 한반도의 냉전 해체와 현상 변경이 무산되었다는 점에서 교훈을 얻어, 한국과 미국은 한반도 비핵평화를 위한 주도적 역할을 더욱 강화해야 한다. 이러한 점들을 고려하여 이 글은 다음과 같은 한반도 비핵평화 전략과제를 제시한다.

- 북핵 위협에 대비한 한미동맹의 억지력 강화를 최우선으로 추진해야 한다. 기존 북한의 재래식 군사위협에 대비한 성공적인 한미동맹을, 북핵 위협에 대비한 재래식-핵 통합 군사 대비태세로 조속히 전환하고, 이를 위해 전통적인 확장억제 및 워싱턴 선언(2023)에 따른 핵협의그룹 체제의 실효성을 제고한다.
- 남북 평화공존을 정착하기 위해 '잠정적 2국 체제'와 '4강 교차 승인'을 통해, 전쟁 방지, 군사적 긴장완화, 비핵화 진전, 핵사용 위험 감소

를 달성하고, 이러한 바탕 위에 평화공존체제 구축 및 장기적으로 평화통일의 기반을 조성한다.
- '핵활동 중단'을 시작으로 한 '단계적 비핵화'를 위해 북핵 외교 재개를 촉진한다. 즉각적이고 완전한 비핵화가 불가능한 점을 인정하고, '북핵 동결'을 확보하는 '단계적 비핵화' 해법을 채택한다. 관련한 한미 간 '비핵화 로드맵' 작성과 북·미 정상회담 권고 등을 추진한다.
- '핵 사용 리스크' 감소와 군사적 충돌 방지를 위한 남북·북미 정치·군사회담을 추진한다. 우발적 군사 충돌, 확전, 핵 사용 위험성을 고려하여, 군사적 긴장 완화를 위한 남북, 북·미, 남북·미 정치·군사회담 개최가 시급한 현실이다.
- 공개적 핵무장 논쟁을 중단하고 전술핵 재배치 등 각종 '플랜 C' 옵션을 검토한다. 공개적 핵무장론은 한미 간 신뢰 훼손, 국제적 고립과 경제 제재 초래, 산업용 농축·재처리 획득 저해 등 부정적 효과가 크므로 중단하고, 대신 각종 '플랜 C'를 검토 및 준비한다.

한반도 정치의 다층적 성격을 감안한 대북·통일정책 추진

대북·통일정책의 경우 국제정세와 한반도 환경 속에서 분석하려는 노력이 중요하다. 트럼프 2기 행정부의 '미국 우선주의' 외교는 한반도 문제의 우선순위를 낮출 가능성이 크고, 김정은 정권 역시 2019년 하노이 협상 실패 이후 협상 의지가 약화되어 있어 단기간 내 북미관계 개선은 어려울 것으로 예상된다. 북한은 북·중·러 협력을 강화하며 한국의 정책적 공간을 제약하므로, 기존의 포용·압박 중심 접근이 모두 실패한 상황에서 새로운 대북정책의 개발이 절실한 시점이다. 이재명 정부는 국익 중심의 실용외교를 기조로, 강한 억지력과 대화를 병행하는 '강한 안보 위의 평화'를 강조하고 있다. 남북 통신선 복원, 군사합의 회복 등 긴장 완화를 우선 추진하며, 주변국과의 관계 안정 및 실용적 협력을 통한 평화 달성을 지향한다. 다만 한반도에서 '항구적 평화'라는 이상보다는 안보 레짐을 구축해 단계적으로 안정적 평화를 추구하는 현실적 접근이 필요하다. 이런 배경에서 통일정책 관련 다음과 같은 정책을 제안한다.

- 경제성장과 정치발전은 물론 국제 사회 전반에 걸쳐 괄목할 만한 업적을 거둔 한국의 국력을 토대로, 자신감에 기반 한 주도적 대북정책을 새롭게 설계하고 추진한다.
- 지역 및 국제사회와의 깊은 상호 의존성은 한반도 문제의 핵심적인 부분이다. 따라서 글로벌-동아시아-한반도라는 다층적 틀에서 한반도 통일이 가지는 의미를 정확하게 규정하고 이에 기반 한 각종 정책을 설계한다.
- 미중 전략경쟁 시대를 맞이하여 강대국 간 다양한 이해관계 충돌을 정확하게 진단하면서, 미중·미러 경쟁 속 전략적 공간 확보를 위해 노력한다.
- 과거 정부들이 추진했던 통일 공공외교의 성과와 한계를 전면적으로 재검토함은 물론, 향후 북한주민을 통일 공공외교 추진의 핵심 대상으로 설정한다. 이는 국제사회의 지지뿐 아니라 남북한 시민들의 의사를 반영한 민주적 통일 과정의 기반이 될 수 있음을 고려한 제안이다.
- 이러한 정책들의 원활한 추진을 위해서는, 보수-진보의 단순 대립을 넘어선 국익 중심 접근이 필요하고, 북한 체제의 장기 지속 가능성을 고려한 대북정책과 통일정책의 조화를 통한 "평화 있는 통일, 통일 있는 평화"의 모색에 주력해야 한다.

한국의 국익과 정체성에 부합하는 한미동맹 전환

한국 전쟁 직후인 1953년 10월 지금의 한미상호방위조약이 체결되었고, 한미동맹은 지금까지 한반도의 평화와 안정에 크게 기여했음은 물론, 시간이 지나면서 군사 중심적인 동맹관계를 넘어서는 양국 간 보편적인 국가이익을 실천하는 포괄적인 동맹 관계로 발전했다. 지금도 대부분의 한국 국민들은 한미동맹이 한국의 외교안보 이익을 실천하는 데에 가장 중요한 자산이라는 점에 공감하고 있고, 또한 미국이 맺고 있는 다른 동맹관계와는 달리 과거 최빈국과 최강국 사이에 체결되었던 동맹이 지금에 와서 글로벌 주요 이슈들에 함께 대처해 나가는 데까지 발전한 점에 상당한 자부심을 가지고 있다. 두 번째 집권에 성공한 트럼프 행정부와 새로 출범한 한국의 이재명 정부 사이에 동맹 관계의 주요 사안들이 국익을 해치는 불협화음 없이 순조롭게 해결되어야 함은 당연한 과제이다. 재집권에 성공한 자신감으로 인해 '보편성'을 확보한 트럼피즘이 '아메리카 퍼스트'를 더욱 강화할 것이라는 전망 하에, 한국의 고유한 국가이익 및 국가정체성에 기반 한 동맹 전략의 수립이 필요하다. 관련하여 다음과 같은 관련 정책을 제안하는 바이다.

- 한미동맹에 최적화된 '안보-경제 연결 모델'을 개발하자. 기본적으로 한미동맹의 경우, '안보 정책과 경제 정책 간 교환'은 바람직하지 않다. 한반도 상황에서는 생존적 이익과 웰빙의 이익이 교환될 수 없기 때문이다. 굳이 해야 한다면, 한미동맹의 고유한 목표, 한반도 평화 유지, 대북 억지 역량, 연합능력 향상, 외교안보환경 등의 변수들을 종합한 포뮬러를 개발하고, 이를 토대로 안보이익과 경제이익 사이의 연결성을 확보해야 한다.

- 미국의 '동맹 현대화' 정책에 적극적 및 공격적으로 대응하자. 국방비 인상 요구에 적극적인 자세로 임하고, 방위비분담특별협정(SMA) 증액 문제는 예산 구조상 현실적으로 증액이 쉽지 않은 점과 한미동맹이 미국의 다른 동맹들과 비교선상에 있지 않다는 점 등을 적극적으로 설명할 필요가 있다. 주한미군의 전략적 유연성 요구는 미국과 중국 사이에서 '거리의 균형'이 아닌 '이익의 균형'으로 대응하자.
- 한국의 현 인태전략의 포괄적인 점검과 재조정이 필요하다. 지난 정부에서 인태전략으로의 몰입은 중국과 러시아와의 관계를 어렵게 만들고, 북한 문제를 다루는 데에 우리의 자율성을 스스로 침해한 측면이 있다. 인태전략이 한국의 지역적 정체성을 확장시키는 효과가 있었도 하지만, 한국의 고유한 국가 정체성이 적극적으로 반영된 외교안보전략으로 조정되어야만 한다.
- 국제사회에서 '한미동맹 플러스'형 다자외교를 견인하자. 한국 정부는 국제정치에서 '원플러스 다자'로 알려져있는 '한국 + 플러스 다자외교' 방식을 다양하게 전개해 왔고, 그 성과도 상당히 축적했다. 연장선에서 70년이 넘는 성공적인 한미동맹 운영 경험을 바탕으로 '한미동맹 플러스 다자외교' 정책을 개발 및 강화해야 한다.

미중 전략경쟁과 국익 기반의 한미 및 한중 관계 정립

21세기 국제질서의 중심축이자 한국 대외전략에 매우 중요한 영향을 주는 외교·안보 환경인 미·중관계가 트럼프 2기 집권을 맞아 패권 대결 국면으로 갈등이 고조되고 있다. 한국 국가안보의 핵심 목표들은 한국이 미중이라는 두 강대국 모두와 우호적인 관계를 유지할 때 실현 가능성이 크다는 점은 자명한 사실이다. 2기 트럼프 행정부는 1기의 미국 우선주의에서 더 나아가 미국만을 위한 정책을 펼치겠다고 주장하고 있다. 대외 정책의 최고목표로 중국 견제와 경쟁을 선택하며 전방위적인 압박을 가하겠다고 밝혔으나, 실제로는 중국 견제를 위해 동맹국을 우대해 동참시키기보다는 오히려 가혹한 거래를 통해 자국 경제 이익 증진을 더 집중적으로 추구하는 모습이다. 뿐만 아니라 세력정치를 중시해 강대국인 중국이나 러시아와 담합할 가능성이 있고 관세를 앞세우는 보호무역을 채택하며 고립주의 기조 하에 선별 개입을 추구할 것으로 예상된다.

이에 맞서 중국은 신대외전략의 명분으로 4대 글로벌 구상을 제창하고 비서구 국가들과의 연대를 강화하며, 미국 우방국들과도 협력을 증진하면서 중국 견제 동참을 견제할 뿐아니라 트럼프 행정부의 일방주의적 자국 우선주의를 우군 확보에 활용하고 미국 및 서방의 정부와 기업가들을 분리해 대응하고 있다. 중국이 대미 강경 기조가 일정 부분 성공을 거두고 있는 이유는 최근 중국의 대미 수출 비중이 급감했고, 든든한 자산을 보유하고 있으며, 내수 확장 정책도 일정 수준 성과를 보였을 뿐 아니라 시진핑 주석에게 유리한 국내외 상황이 조성되고 있기 때문인 것으로 판단된다. 이런 상황에서 한국의 대응전략을 위해 다음과 같이 제안하는 바이다.

- 한국은 미·중 사이에서 어느 특정 세력을 선택하기보다 국민적 합의에 기반 한 국가이익에 따라 지혜로운 실용 노선으로 이중트랙 외교를 추진해야 한다.
- 안정적인 대미 및 대중 관계를 위해서는 전작권 전환과 확장억제 강화 등 국가안보 강화가 요구되며, 이를 위해 '신국부론'에 의거한 경제 혁신이 함께 추진되어야 한다.

- 미중 경쟁은 한반도 문제와 깊게 연동되어 있으므로, 남북관계 정상화 노력을 지속적으로 추진함과 동시에 미중은 물론 국제사회를 향한 전방위 우호 실용외교를 채택해야 한다.
- 한반도 주변 신냉전 질서 형성과 한미동맹의 연루의 위험을 억지하고, 북·미 대화 지지와 남·북·미 경협 모색을 권장하며, 한편으로 이 과정에서 미·중 간 담합 가능성에도 대비하는 외교 전략이 필요하다.
- 한·중·일 협력 및 동북아 다자안보협력 모색으로 미·중 정면 대립의 위험을 분산하고 러시아의 전략적 가치를 최대한으로 활용하기 위한 노력도 기울여야 한다.

신 한반도전략의 실효성 제고와 이를 위한 사회 통합 방안

한반도 문제가 중대한 변곡점에 접어들고 있다. 국제 차원의 미중관계, 한반도 차원의 대한민국과 조선민주주의인민공화국의 상호 인식과 관계, 국내 차원의 국민 인식과 정부 대응이 모두 결정적 길항과 전환 국면이다. 한국의 전략과 선택이 결코 쉽지 않은 상황이다. 세 차원 모두에서 가장 중요한 근본 원칙은 한반도 안정과 평화의 지속, 그리고 국익의 제고가 아닐 수 없다. 이를 위한 최선의 방책은 국민통합에 기반 한 지속가능한 한반도 전략의 수립과 추진이다. 그것은 구조, 제도(기구·협정), 정책, 셋의 이상적 결합에 의해 달성 가능하다. 이제 이 셋을 위와 아래, 안과 밖에서 동시에 통합적으로 결합하지 않으면 안 된다. 현재처럼 진영갈등이 극심하여 국민통합과 정책지속성이 보장되지 않는다면 단일 진영과 단일 정부의 일련의 정책은, 국내의 진영대결과 정부교체로 인해, 국내·한반도·국제 차원 모두에서 특정 정부임기와 진영범주를 넘지 못하고 단절과 부정과 급변침을 반복할 것이기 때문이다. 변화하는 상황에 능동적으로 대응하는 가운데, 하나의 주권국가로서 대한민국은 어떻게 하면 그러한 단절과 급변침의 극복이 가능할 것인가? 다음과 같은 정책들을 제안하는 바이다.

- 국제 차원의 경우, 미중대결이 한반도문제로 직접 삼투되지 않도록, 진영과 정권을 넘는 한국 외교의 현실적 균형이 필요하다. 남북한 관계의 경우, 기존의 전통적인 두 개 대립, 즉 평화와 통일, 안보와 공존, 비핵평화와 한·조관계(남북관계) 개선 사이의 통합 접근이 필수다. 국내 차원에서는 남남 내전 상태에 이른 진영 갈등을 극복할 수 있는 제도와 방략의 마련이 필수적이다. 이를 위해 민족보다는 국가를, 통일보다는 평화를, 그리고 한국과 조선의 두 국가 현실을 인정하는 압도적인 국민 의사를 정책 안에 수용해야 한다.
- 민주화 초기 정부들의 성공 사례가 보여주듯, 높은 수준의 연립정부 또는 낮은 수준의 정책연합과 담론연합을 통한, 합의 가능한 공통의 한반도 정책 요목과 범위를 획정하는 실천이 필요하다.
- 국회 차원에서 한반도특별위원회를 설치해야 한다. 이를 통해 여야가 상시적으로 주요 정보를 공유하며, 한반도 현안과 정책을 논의하고 합의를 시도해야 한다.
- 정부와 내각 차원에서는 기존의 통일부를 한반도부로 전환하여 남북관계와 통일을 넘어 한반도정책 전반을 아우를 필요가 있다. 그리하여 한반도평화, 한반도인권, 한반도경제, 한반도환경, 한반도보건의료 등과 같은 정책 영역을 넓혀나가야 한다.
- 우리 사회 내부의 국민통합에 기반 한 남북관계의 한·조관계로의 획기적 전환이 필요하다. 서로에게 특수한 존재인 한국(남한)과 '북한', 또는

조선(북조선)과 '남조선' 사이의 '남북' 관계와 '북남' 관계는 관념을 넘어 현실에서는 더 이상 존재하지 않는다는 창의적인 접근이 필요하다.

표 1 — 미중 전략경쟁 시대를 위한 신(新) 한반도전략 제안

주제	핵심 정책 제안 요약
외교 방향성	1. '트럼피스트 미국'과 '포스트-트럼피즘 미국'을 분리한 대응 2. 미국의 '대북 억지 전담'과 '대중 견제 동참' 요구 대응 전략 3. 전략 환경의 급변과 남북 관계의 새로운 세팅
두 개 국가론	1. 남북한의 독자적인 국가성을 상호 인정하고, 김정은 정권의 전략을 포괄적인 틀 속에서 분석하고 평가하는 노력 필요 2. 한반도 전체에 대한 한국 정부의 의연한 책임감 강조하면서, 동시에 미래 통일 세대가 대북·통일 정책을 구상 및 추진하는 주인 의식 확보 3. 대북 관여정책은 국민적 공감대 위에서 현실 적합성을 고려하여 신중하게 접근 4. 북한 국가성의 현실적 인정과 헌법가치 사이의 조화를 토대로, 통일 시까지 평화공존 두 국가론 전략 구상 수립 및 남북기본조약 체결
대북&비핵화	1. 한미동맹의 대북핵 억지력 강화 최우선 및 공개적 핵무장 논쟁 중단과 다양한 '플랜 C' 옵션 발굴 2. 잠정적 2국 체제 & 4강 교차 승인 실현 3. 북핵 동결을 우선 목표로 한 '북핵 외교의 재개' 촉진 4. 남북 및 북미 간 '정치·군사 회담' 추진
통일정책	1. 자신감에 기반 한 주도적인 대북정책 추진 2. 글로벌-동아시아-한반도의 상호작용에 기반 한 대북정책 3. 신 국제질서 구도에 대응하는 대북정책 4. 대북한 통일공공외교 추진
한미동맹	1. 한미동맹의 '안보-경제 연결 모델' 2. 전작권 전환 추진 & 안보분담금 요구에 공격적인 대응 3. 우리 인태전략의 포괄적인 점검과 재조정 4. '한미동맹 플러스'형 다자외교 추진
미중 경쟁	1. 한미일 협력 유지 & 동시에 한중 관계 병행 발전 2. '신국부론'에 의거한 경제 혁신 3. 남북관계 정상화 4. 전방위 우호 실용외교
남남갈등 극복	1. '남북문제'에서 '한반도문제'로의 확고한 인식 전환 필요 2. '한반도 정책'의 정립 & 통일부를 '한반도부'로 전환 3. '남북한 간 특수관계'가 아닌 '일반적인 한·조 관계' 정립 4. 남남통합을 위한 국회 내 특별기구 설치

01

트럼피즘의 등장과 한국의 대응

권 만 학

경희대학교 명예교수

I
극변하는 한국의 대외정책 환경

도널드 트럼프 미국 대통령(이하 직함 생략)이 2025년 두 번째 임기를 시작하면서 한국과 세계의 정책 환경이 극변했다. 기존 질서의 "중단자"라 불렸던 트럼프 1.0과 달리 이번에는 적극적으로 기존 자유주의 패러다임의 "파괴자"(destroyer-in-chief)를 자임하며 구시대로 회귀하고 있다. 전과 달리 그는 보수적인 의회와 사법부를 배경으로 참모들도 충성파 트럼피스트로 채우고 공약 과제를 실행에 옮기고 있다.[1] 본 장은 새로 등장한 최대 정책 변수 트럼피즘을 기존 패러다임과 비교하면서 심층 분석하고 한국에 미치는 정책적 파급효과를 추론하고자 한다.

---

1   트럼프 1기에서는 배넌(Steve Bannon) 백악관 수석전략가, 플린(Michael Flynn) 국가안보보좌관 등 MAGA(Make America Great Again) 지지자들이 낙마하고 매티스(James Mattis) 국방장관, 켈리(John Kelly) 비서실장, 맥매스터(H. R. McMaster) 국가안보보좌관, 틸러슨(Rex Tillerson) 국무장관, 콘(Gary Cohn) 국가경제위원회 위원장 등 "어른들의 축"(Axis of Adults)이 트럼프를 견제하고 트럼피즘을 순치했다. Bob Woodward, *Fear: Trump in the White House*와 Michael Wolff, *Fire and Fury* 등은 트럼프의 고위 보좌관들이 트럼프를 얼마나 혐오와 경멸의 대상으로 보았으며 자신들이 무지하고 무책임한 사람으로부터 국가를 보호하려 노력한다고 생각했는지 보여주고 있다.

II
트럼피즘의 등장 배경

트럼프와 트럼프 지지자들이 가지고 있는 세계관과 정책 방향을 의미하는 트럼피즘은 지난 30년 동안 미국과 세계에서 나타난 급격한 변화에 대한 반응적 이데올로기로 등장했는데 그 배경은 세계화, 자유주의적 사회복지, 그리고 중국의 굴기 등 세 가지로 요약된다.

1. 세계화와 "시장의 실패"

2차대전이 끝나면서 미국은 양차대전과 같은 참화를 방지하고 평화와 번영의 지구촌을 만들고자 자유주의 국제질서를 구축했다. "너그러운 패권국"(benevolent hegemon)을 자임함으로써 죄수의 딜레마를 극복한지 50년 만에 공산블록은 사라지고 자유주의 질서는 세계화되었다. 시장경제적 성장을 추구하는 국가들의 국경은 세계무역기구(WTO)와 자유무역지대(FTA) 등을 통하여 낮아졌으며 상품뿐만 아니라 서비스와 자본도 자유롭게 국경을 넘고 가장 규제가 심한 노동마저 쉽게 월경함으로써 세계는 교역뿐만 아니라 생산과정에서도 단일 시장자본주의로 급격히 통합되기 시작했다. WTO 등의 질서와 규칙에 기초한 세계 시장의 통합과정에서는 치열한 경쟁과 함께 산업 구조조정이 진행됐다. 비교우위를 가진 산업과 기업은 드넓은 세계 시장을 무대로 번영했지만 내수 생산을 하던 비교열위 산업들이 몰락하면서 심각한 사회적, 정치적 후폭풍을 몰고 왔다. 소비 천국 미국에도 저렴한 외국제품의 대량 수입으로 자동차, 가전, 가구, 완구 등 전통적인 노동집약적 산업들이 붕괴하고 중산층 노동자들이 실직과 함께 하위계급으로 추락하기 시작했다. 동시에 미국 기업들이 경쟁력을 높이기 위하여 생산기지를 해외로 옮기면서(off-shoring) 제조업 공동화를 초래했다.

이러한 현상은 2001년 WTO에 가입하고 미국 시장에 폭풍처럼 진출한 중국에 관심이 집중되면서 미국에서는 "차이나쇼크"라 불렸다. "차이나쇼크연구"(China Shock Studies) 등은 중국이 미국 시장에 진출한 이래 20년 동안 미국 일자리 2~4백만 개가 사라졌다고 분석했다. 실직은 내수 제조업이 발달했던 러스트 벨트의 중위계급 백인 남성 노동자들에게 집중됐다. Pew연구소 분석에 따르면 미국 중위계급 비중은 1991년 62%에서 2000년 55%, 대불황 직후인 2010년 51%, 2021년 50%로 떨어졌다. 미국의 불평등 지니계수는 1990년 0.38에서 2019년 0.48로 폭등했다. 같은 기간 상위계급은 11%에서 19%로, 하위계급은 27%에서 30%로 증가했다. 중간계급이 분해되면서 상하로 계급 이동하는 양극화 현상이 "중산층 국가" 미국을 뒤흔들었다.

"시장의 실패"는 대중들의 저항을 불러왔다. 대불황(Great Recession) 속에서 고용불안과 "불공정"에 내몰린 군중들은 2011년 "탐욕스런" 월스트리트 금융자본, 이윤을 위해 미국인을 버리고 해외로 생산 기지를 옮긴 "무책임한" 대기업들, 이들과 유착한 정치 엘리트 등 세계화 기득권층("establishment")을 향하여 "우리가 99%다"를 외치며 "월스트리트를 점령하라"(OWS)는 대중운동에 나섰다. 이들은 비록 전국민에 비하면 소수이지만 세계화의 피해가 그들에게 집중됨으로써 세계화에 저항하는 "강렬 소수"가 되었다. 선전선동에 능한 트럼프는 세계화 피해자인 중산층 백인 남성들에게 초점을 맞추고 그들의 좌절과 분노에 공감하며 중국과 WTO 등에 공격을 집중시켰다. 그의 우파 포퓰리즘에 군중들이 격렬하게 미국우선주의(America First)와 MAGA 운동 속으로 동원되었다.

2. 자유주의적 사회복지와 "정부의 실패"

　남북전쟁을 전후하여 미국 공화당은 시장경제로 번성하던 북부 근대적 기업들의 지지를 받았으며 민주당은 전근대적 노예제가 지배적이던 남부 주들의 지지를 받았다. 하지만 루스벨트(FDR)의 뉴딜정책은 민주당 이데올로기를 고전적 자유주의(Classical Liberalism)에서 근대적 자유주의(Modern Liberalism)로 180도 바꾸고 노동계급의 지지를 획득함으로써 새로운 정당지지결합(party alignment)을 구축했다. 미국 사회 전반이 점차 자유주의로 이행하면서 민주당과 공화당은 일정 정도 자유주의적 사회복지 및 DEI정책(Diversity Equity Inclusion, 다양성 형평성 포용성)을 수용한다. 하지만 진보 운동 우오키즘(wokeism)과 민주당 사회정책이 복지 지출과 여성, 소수인종, LGBTQ+ 및 불법("미등록") 이민자까지 포함하는 자유주의 정책을 "과도하게" 시행하자 민주당과 공화당의 간극이 심화되면서 미국은 이데올로기적 문화전쟁으로 들어간다.

　1990년대 탈냉전 이후 미국 양당은 모두 세계화를 지지했다. 세계화의 피해가 급증함에 따라 민주당은 주 지지계급인 하위계급 복지에 집중했으며 내수기업의 지지를 받고 있는 공화당은 감세, 탈규제, 시장이 실업과 제조업 문제를 해결해 줄 것이라고 믿었다. 민주당의 DEI정책은 더욱 약자집단에 초점을 맞춤으로써 전통적 지지계급인 백인 남성들의 취업, 승진 등 기득권을 잠식했다. 이들은 여성 및 소수 인종들은 "정체성"

만으로 우대받고 백인 남성들은 능력 불문 "역차별"을 감수해야 하는 불공정 정책이라고 느꼈다. 나아가 "과잉된" 불법 이민자들이 야기하는 "범죄"와 정부 재정 고갈 등이 이들의 감정을 자극했다. OECD 데이터에 따르면, 미국의 GDP에 대한 사회적 지출 비율은 1990년 14%에서 2019년 19%까지 늘었다. 이렇게 재정적자를 동반한 사회적 지출은 폭증했지만 주요 양당 어느 쪽도 중산층의 계급 추락에 대하여 근본적인 대책을 내놓지 않았다. 1천만 명의 불법 이민자들은 반사적으로 백인우월주의(white supremacism)를 강화시켰다.

시장의 실패가 "정부의 실패"로 전환되는 과정에서 세계화 및 DEI 피해자들에게 메시아처럼 등장한 것이 트럼프이다. 그는 자유주의적 국가 정책과 재정적자에 반대하는 전통적 공화당 지지자들에 세계화 피해자들을 끌어들여 승리연합을 구축했다. 그는 자유주의의 상징격인 오바마(Barack Obama) 대통령의 출생에 관한 의문을 집요하게 제기하고(birtherism) 이민자와 중국에 공격을 집중함으로써 지지 세력을 규합했다. 그는 경제적 불안감(malaise)을 단순하고 명쾌하게 설명하는 우파 포퓰리즘을 주도했다.[2] 트럼프 1.0은 코비드-19로 인한 실업률과 재정지출 급증으로 재선에 실패했다. 뒤를 이은 바이든 민주당 정권은 뒤늦게 "중위계급을 위한 외교"를 강조했지만 코비드-19의 여파로 실업률 상승, 긴급 재난지원금 방출, 고인플레와 고금리가 겹치며 민심을 잃고 정권 재창출에 실패했다. "문제는 경제야"라고 생각하는 유권자들이 증가하며 2024년 트럼프는 2.0으로 재당선됐다. 두 차례의 트럼프 집권과정에서

---

[2] 포퓰리즘은 위기 시 단순화된 원인과 해법을 제시하여 군중의 격정적 지지를 이끌어내는 정치적 행위로서 좌파가 재정건전성을 훼손하면서 퍼주기로 하위계급을 공략하는데 반하여 우파는 외국이나 특정 소수집단을 속죄양으로 만들어 공격함으로써 특히 중위계급의 지지를 이끌어낸다. 포퓰리즘은 대중이 분노할 만한 사건이나 확인되지 않은 음모론 등이 퍼지는 소셜미디어에 의해 더욱 격화된다.

러스트 벨트 노동자들은 결정적이었다. 이들은 전통적인 민주당 지지에서 제조업 부활, 반세계화를 외치는 트럼프 지지로 전환함으로써 7개 경합 주 모두에서 트럼프에게 극적인 승리를 안겨주었다.

3. 중국의 도전적 굴기

2008년 미국발 대불황(Great Recession)이 시작되고 2010년 중국이 세계 제2 경제대국(G-2)에 진입했을 때 미국과 중국에서는 비슷한 평가가 부상했다. 중국에서는 동방인 중국은 상승하고 서방인 미국은 하강하고 있다는 동승서강론이, 미국에서는 미국이 중국에 비해 상대적으로 기울고 있다는 쇠퇴론(declinism)이 등장했다. 동승서강론에 기초한 시진핑은 부국강병의 중국몽을, 쇠퇴론을 경각주의(alarmism)처럼 수용한 트럼프는 "미국을 다시 위대하게"(MAGA)를 최우선적 비전으로 제시하게 된다.

양강 반열에 오른 중국의 시진핑은 자신을 정점으로 하는 독재 체제를 구축했다. 그는 시장화와 사유화에 기초했던 개혁개방 정책을 후퇴시키고 공산당의 경제 통제, 국유기업(SOE) 비중의 증대 등 경제적 마르크시즘을 강화했다. 대외정책에서도 자신감에 찬 시진핑은 이전까지 중국 대외정책을 인도하던 "도광양회"와 "화평굴기"를 "주동작위"와 민족주의로 대체했다. 중국은 2대 강대국에 걸맞는 "신형대국관계"와 "핵심적 이익"을 보장하는 세력권 인정을 요구함으로써 동아시아에서 미국 이익과 충돌하는 수정주의 코스로 접어들었다. 중국의 야심은 "국치백년" 동안 빼앗긴 동중국해의 타이완과 센카쿠열도(댜오위다오)를 비평화적 방법으로 "수복"하는 것을 넘어, 남중국해에 인공섬을 짓고 85%에 이르는 구단선 해역을 자신들의 바다라고 주장하는 팽창주의에 이른다. 중국은 동아시아에서 미국 영향력을 축출하기 위하여 "해양 굴기"에 기초한 A2/AD(Anti-Access/Area Denial) 거부억지와 도련선 전략을 추진하고 있으며 방위비와 국방력을 세계 2위로 끌어올렸다.

중국의 급속한 굴기는 적어도 두 가지 측면에서 MAGA를 강화시켰다. 하나는 중국의 굴기가 대규모 대미 흑자 위에서 미국 제조업과 일자리를 희생시키면서 구축되었다는 인식이며 다른 하나는 중국이 미국의 패권과 핵심이익을 위협하는 도전국이 되었다는 사실이다. 중국의 불공정하고 위협적인 굴기는 미국의 대외정책 "실패"에 대한 트럼피스트의 맹공을 불러왔다. 공화당 닉슨 대통령이 소련 견제를 위하여 대중 포용정책을 시작한 이래 공화당과 민주당은 중국을 세계 시장으로 편입시켜 궁극적으로는 자유민주주의화, 평화국가화 시킨다는 컨센서스를 공유했다. 하지만 중국이 미국의 비전과 정반대 방향으로 돌아서고 패권국 미국이 도전국 중국을 양성한 모순적 모습으로 세력전이 국면이 전개되면서 배신감을 더한 후폭풍이 거세게 일었다. 더욱 위협적인 것은 현재의 중국이 냉전 시 소련보다 훨씬 막강한 도전자가 되었다는 사실이다. 1990년 미국 GDP의 7%이던 중국 GDP는 2020년 70%로 30년 만에 10배로 뛰었으며 이는 전성기에도 미국 경제의 30% 수준이던 소련 경제에 비하여 엄청난 도전이다. 트럼프 1.0은 중국을 "임박한 유일 위협"(sole pacing threat)이자 "전략적 경쟁자"로 규정하고 중국의 바다 진출을 견제하는 "인도·태평양전략"으로 대응했으며 이 역시 민주 공화 양당의 컨센서스로 자리잡았다.

III
트럼피즘의 정책 방향

트럼프 2.0은 취임 후 100일 동안 142개 행정명령에 서명했는데 이는 같은 기간 바이든 대통령의 42개에 비해 3배가 넘는다. 그 만큼 기존 질서를 근본적으로 바꾸려는 의도로서 이러한 정책들이 발원하는 곳이 트럼피즘이다. 미국 쇠퇴론의 반명제로서 "MAGA" 기치아래 형성된 트럼피즘은 공화당 내에서 전통적인 보수주의보다 우세한 형태로 공존하고 있다. 특히 대통령 임기 초에는 이념주의가 실용주의를 압도한다는 점에서 현 트럼프 2.0 정책은 트럼피즘에 의해 강하게 추동되고 있다.

트럼피즘은 민주당은 물론 전통적 공화당 보수주의와도 적잖은 차이를 보인다. 민주당 자유주의와 공화당 보수주의가 온건한 이데올로기로서 서로 정권 교체를 하며 미국 정치를 지배해 왔던 반면 트럼피즘은 많은 이슈에서 보수주의보다 극우적이다. 전통적인 공화당과 민주당은 어느 정도의 사회 복지, 자유주의 국제질서, 미국의 세계 경찰 역할 및 동맹 중시 등의 컨센서스를 가지고 있었다. 트럼피즘은 여기에서 극우화하여 대내정책에서는 리버테리어니즘에 가깝고 대외정책에서는 미국우선주의라는 "민족주의" 특성을 띤다.[3] 트럼프의 개성이 극단화시킨 결과이기도 하다.

---

[3] 여기서 리버테리어니즘은 극단적인 자유시장경제와 반사회복지와 작은 국가를 지향하는 이념으로서 대내외 정강정책을 가지고 있는 공식적인 리버테리언 정당과는 구별된다.

1. 트럼프의 권위주의적 실리주의 개성

　근대국가가 정책결정을 시스템에 의존하는 것과 달리 트럼프는 미국 대통령으로서는 예외적으로 "개성"에 과다 의존한다. 그는 실리주의자로서 경제학의 이념형(ideal type)인 호모 에코노미쿠스(homo economicus)에 가깝다. 근대 평균인은 비용과 편익을 비교하는 합리성(合利性, rationality)을 기초로 이득을 극대화하고자 한다. 하지만 트럼프는 평균인보다 더 사회적 관계를 경제적 거래로 보고 더 도덕이나 가치 등을 배제하며 많은 변수들을 이득, 돈과 부, 효율성 등으로 환산한다. 그에게 이득은 간접적이기보다 직접적인, 먼 미래보다 오늘의, 정신적이기보다 물질적인 직익(直益)과 즉익을 의미한다.

　트럼프는 저서 『협상의 기술』(The Art of the Deal) 11단계 협상과정 중 5번째로 "보유하고 있는 지렛대를 사용하라"(Use Your Leverage)고 권하고 있으며 8번째로 불굴의 투지(Fight Back)를 강조했는데 실제로 그는 이득을 극대화하기 위하여 거의 모든 권력자원을 동원하는 합목적적(teleological) 권위주의자이기도 하다. 그의 권력자원은 힘, 보복, 거짓정보, 초규범, 초법 행동 등을 망라한다. 그가 자랑하는 협상의 기술은 최초 과도한 목표를 제시한 다음 온갖 권력자원을 동원하여 치킨게임화하고 마지막에 일부 양보하여 상대방이 성과를 거둔 양 만들어 타협하도록 한다. 극단적 대결 뒤에 환금화된 딜을 이끌어 내는 그의 행동은 "TACO"(Trump Always Chickens Out)라고 불리기도 한다. 중요한 것은 그의 딜이 협상이라기보다 모든 권력자원을 동원한 위압의 결과이며 따라서 그의 힘이 모자라는 상대에게는 효과가 적다는 것이다. 그의 대통령으로서의 이런 행태는 미국을 민주주의에서 강등시켜 선거는 있으나 독재에 가까운 "경쟁적 권위주의"(competitive authoritarianism)로 분류되게 만들기도 한다.

2. 신자유주의

트럼피스트 실리주의의 정책적 버전은 리버테리어니즘 즉 고전적 자유주의의 현대적 버전인 신자유주의이다. 고전적 자유주의는 근대 초기 자유경쟁 시장에서 자유방임국가(laissez-faire state)가 방관하는 가운데 개인의 성패와 복지가 근면과 성실이라는 개인의 미덕에 달려있던 시대에 부르주아지에 의해 발달했다. 이러한 이념은 19세기 중반 동부 대기업과 금융기관들이 남부로 진출하면서 몰락하던 쁘띠 부르주아지(Petty Bourgeoisie)에 의해 계승되는데 이들의 시각에서 대기업과 금융기업은 불공정한 상대들이었다. 20세기말 세계화에 의한 수입품으로 도태되기 시작한 러스트 벨트의 노동자들과 남부 자영농 및 중소도시 기업가들이 또한 리버테리언 세계관을 갖게 되었다.

전통적 기득권층인 백인 남성들로 구성된 쁘띠 부르주아지 일부는 리버테리언 정당을 결성하기도 했지만, 공화당 지지자들 중 적잖은 사람들이 국내정치경제 이슈에 관한 한 리버테리언 사고를 가지고 있다. 리버테리언 정당원으로 등록한 미국인 수는 1백만 명을 넘지 않지만 여론조사들은 리버테리언의 의미를 알고 자신을 리버테리언이라고 응답하는 유권자들이 7~20%에 이름을 보여준다. 2008년에서 2018년 사이 리버테리언들은 92% 증가했으며 대부분이 트럼프를 지지했다.

극우적인 리버테리언들은 전통적인 공화당 보수주의보다 실리주의, 시장의 효율성, 감세 및 작은 정부를 더 강조하며 사회복지, 우오키즘, 큰 정부, 재정적자, 글로벌리즘 그리고 자유무역에 반대한다. 트럼피즘의 리버테리언 입장은 머스크(Elon Musk)와 정부효율부(DOGE)를 통한 과감한 연방정부 조직 및 예산 축소, 사회복지 및 USAID와 USIP 등 인권 관련 기구 폐쇄 및 축소, 세계보건기구(WHO) 및 파리기후협약 탈퇴, 그리고 불법 체류자 체포 및 대량 추방 등으로 정책화되었다.

리버테리언들은 또한 보수주의보다 재정적자에 더 민감한 재정긴축론자들이다. 2024년 미국 국채는 GDP의 123%인 36조 달러를 기록했는데 선진국으로서는 일본, 이탈리아에 이어 세계 3위다. 연방정부는 2024년 국채에 대한 이자만 9천억 달러를 지불함으로써 국방비 8,410억 달러를 넘어섰다. 국채는 공화당의 감세와 민주당의 지출 증대가 맞서며 국채로 우회하는 관행에 의해 증대하는데, 트럼프마저 재정적자를 증대시키는 2026 핵심정책법(OBBBA, "One Big Beautiful Bill Act")을 확정시키자 머스크는 트럼프와 결별했다. 최근 무디스를 마지막으로 세계 3대 신용평가사들은 모두 미국 신용 등급을 최상급 AAA로부터 한 단계 강등했으며 일각에서는 미국 정부의 부도 가능성도 제기함으로써 리버테리언적 재정 적자 축소 요구는 국내외 정책에서 더욱 강화될 것이다.

3. 경제적 보호주의

트럼피즘은 무역뿐만 아니라 자본 흐름, 노동 시장, 기술 이전 등 경제 전반을 외국의 영향으로부터 보호해야 한다고 주장한다. 트럼피즘의 보호주의는 트럼프 1.0으로 하여금 환태평양경제동반자협정(TPP, Trans-Pacific Partnership)에서 탈퇴하게 만들었으며 트럼프 2.0에 이르면 일방주의적 고관세 부과로 나아간다. 트럼프 행정부는 캐나다 멕시코 중국 등에는 펜타닐과 불법 이민 등의 명목으로 특별 관세를 부과하고 자동차 알루미늄 등에는 25%의 품목관세를, 모든 국가에는 일률적으로 10%의 기본 관세를, 그리고 동맹국들이 대거 포함된 57개 대미 흑자

"최악의 국가들"(worst offenders)에는 11~50%의 상호관세를 부과하겠다고 공표했다.[4] 그의 관세 부과가 놀랄 일은 아니지만 세계가 놀란 것은 높은 세율, 우적을 가리지 않는 무차별 부과, 그리고 예고 시간이나 협상도 없이 일방적으로 선언한 촉박함, 발표하자마자 유예에 유예로 들어가는 무준비성 때문이었다. 최종 합의에서 대부분 국가들은 이전에 비하여 얻은 것은 전무하고 10% 이상의 관세, 거대한 대미 투자, 상당한 국내 시장 개방 등을 내주고서도 최초 고관세에서 줄어들었다며 안도했다. 트럼프는 양자무역이 상대국에겐 큰 비중이지만 미국 경제에서 갖는 비중은 적은 "준독점수요"(semi-monopsony)를 위압으로 변환함으로써 초과이득을 얻었다.[5]

트럼프의 보호주의는 전통적 공화당도 지지해 온 자유무역 체제 자체를 파괴하는 것이다. 트럼프 1.0은 일찍이 WTO가 미국에는 가혹하고 중국 같은 불공정 국가에는 관대하다며 분쟁해결기구(DSB)를 마비시킨 바 있다. 이번의 고관세 조치는 미국이 의회의 동의를 얻어 WTO에 제출한 양허관세율(bound rate)을 훨씬 초과한 것이며 일방적으로 부과함으로써 전후 다자 협상을 통해 관세를 부단히 인하해 온 자유주의 질서를 파괴한 것이다. 미국이 전전의 일방주의와 양자 협상을 GATT 다자 협상으로 바꾸어 자유무역주의를 고도화했던 미국 행태가 과거로 회귀한 것이다. 무역적자 문제를 두고 바이든은 중국에 "규칙기반 자유주의 국제질서"를 준수하라며 중국을 바꾸려고 했던 반면 트럼프 2.0은 미국 자신을

---

[4] 상호관세는 엄밀히 말하여 상대국 관세의 인상 또는 인하에 맞추어 상호주의적으로 부과하는 것인데 트럼프 2.0의 "상호관세"는 일률적으로 2024년도 대미 무역적자를 대미 수출액으로 나눈 숫자를 2로 나누어 일방적으로 부과하는 것으로서 대체로 상대국 관세보다 큰 "국별 관세"이자 적자에 대한 "보복 관세"의 성격을 띠고 있다.

[5] Albert Hirschman, *National Power and the Structure of Foreign Trade*, expanded ed. 1980 (Berkeley : University of California Press).

보호주의로 바꾸며 위압하고 있다.

4. 아메리카 퍼스트와 현실주의 세계 만들기

트럼프 2.0은 자유, 인권 및 국제평화를 위한 기존 자유주의 국제질서를 무시 및 파괴하고 아메리카 퍼스트(America First)의 기치아래 국제협력에서 민족주의로 후퇴하고 있다. 외교정책은 글로벌리즘에서 "고립주의"로 후퇴하고 있으며 다자적 국제협력보다는 양자주의와 일방주의를, 값비싼 군사 행동보다는 거래주의를 선호한다. 이러한 정책 방향은 전통적 공화당이 민주주의와 미국적 가치의 고양을 위하여 동맹과 함께 강력한 국제적 개입주의 정책을 폈던 것의 역전이다. 트럼피즘의 등장은 공화당의 신보수주의가 추진했던 이라크 민주화 정책이 미국 국고를 크게 소진시키고 재정적자를 증대시킨 전례에 대한 반작용이기도 하다. 트럼프에게서 가치동맹은 사라지고 이익외교가 지배적이 된 이유이기도 하다.

트럼프 2.0은 값비싼 글로벌리즘으로부터 퇴각하기 위해 비핵심적 분쟁의 안정화와 지역책임화를 실행하고 있다. 우선 그는 러시아·우크라이나 전쟁, 이스라엘·하마스 전쟁 등에서 휴전을 압박하고 있다. 분쟁 안정화 정책의 비용은 주로 우크라이나, 이란, 하마스 등 약소국 어깨로 떨어진다. 러시아 침략에는 면죄부가, 피침국 우크라이나에는 러시아 점령지역을 할양하라는 압박이 주어진다. 또한 중장기적으로 지역 안보를 지역국가들의 부담과 책임으로 넘기고 있다. 러시아에 대항하여 위협균형(balance of thereat)과 세력균형을 유럽이 담당하도록 만들기 위하여 미국은 유럽 동맹국들에게 GDP 대비 2%인 방위비 목표를 5%로 대폭 올리라고 압박하여 관철시켰다. 중동에서는 이스라엘로 하여금 하마스, 헤

즈볼라, 후티, 시리아 등 이란의 손발을 자르도록 만들었으며 이란 핵시설 공격도 수용했다. 또한 사우디아라비아와는 워싱턴 칼럼니스트 카쇼끄지(Jamal Khashoggi) 살해 사건 문제로 야기됐던 인권 갈등을 폐기하고 대규모 경제협력을 성사시킴으로써 지역 안정화로 돌아세웠다.

자유무역주의 질서를 해체한 자연상태가 보호무역주의가 되듯이 자유주의 안보질서를 해체한 자연상태는 "현실주의" 세계가 된다.[6] 유럽 국가들이 큰 대미 흑자를 누리고 미국 안보에 저임승차하면서 자국 사회복지를 증대시킨 것에 분노하는 트럼프 2.0이 되살리고 있는 "현실주의" 세계는 2차대전 전 존재했던 홉스적 세계로서 국내와 같이 정의와 질서를 부여하는 세계정부가 없기 때문에 민족국가가 스스로 안보와 국익을 확보해야 하는 자구체제(self-help system)가 지배적인 세상이다. 따라서 "모두의 모두에 대한 전쟁" 상태 속에서 개별 국가들은 미국우선주의처럼 최대한 힘과 세력을 축적하여 스스로의 생존과 번영을 확보해야 하는 민족주의 정책을 추진한다. 문제는 현실주의 세계에서는 강대국들이 자국 이익 우선주의와 함께 궁극적으로 무력 사용 가능성을 열어 놓은 패권주의(hegemonism) 정책을 사용함으로써 국제협력이 어렵고 상호 충돌 가능성이 높다는 것이다. 전쟁의 참화를 막기 위하여 강대국들은 세력균형정책을 실행하지만 약소국들은 체스게임의 졸처럼 강대국 사이에서 임의적으로 편입되고 또한 양도되면서, 시진핑이 전승절 80주년 기념사에서 묘사한 것처럼, "약육강식의 정글 법칙"이 작동하게 된다.

트럼프는 글로벌리즘으로부터의 퇴각을 진행하면서도 중국 문제만은 적극 대응하고 있다. 세력전이에 직면하여 패권이라는 핵심 이익을

---

[6] 국제정치학의 "현실주의"라는 용어는 어폐가 있다. 이 용어는 1920년대 이상주의와 대조되어 30년대 다시 등장한 안보 불안과 세력정치가 "현실"이라는 측면에서 연원했는데, 탈냉전 30년은 "현실주의"보다 자유주의가 실존적 "현실"에 가까웠었다.

도전자로부터 오롯이 지키겠다는 것이다. 트럼프는 중국을 "이 시대 최고의 전략 경쟁자"로 규정하고 인도·태평양 등지에서 미국의 군사 역량을 제1의적으로 중국 견제에 집중하고 있다.

IV
트럼피즘의 자패적 요인들

트럼프 1.0과 마찬가지로 트럼프 2.0이 추진하는 정책들 중 반이민, 연방 공무원 감축, 저소득층 복지 삭감, 반 DEI 등 반자유주의 정책에 대한 저항이 거세게 일어나며 시위, 민병대 투입 그리고 사법부 소송이 이어지고 있다. 이러한 정책들은 일부 극단화됐지만 대부분 전통적인 공화당 의제들로서 저항은 대부분 민주당 지지자들로부터 나온다. 하지만 트럼피즘 고유의 정책들은 미국민 전체에 그리고 시장에 영향을 미침으로써 트럼피즘의 성패에 직접적으로 영향을 미칠 수 있는 사안들인데, 일부 자패적(self-defeating) 요인들을 내포함으로써 향후 정국에 분수령이 될 것으로 보인다.

1. 제조업 일자리 창출의 환상

트럼프는 대선 과정에서 경합주가 몰려있는 러스트 벨트 유권자들에게 "제조업 일자리를 되찾아오겠다"고 약속함으로써 결정적으로 승리했다. 하지만 보호주의가 무역 상대국의 일자리를 빼앗는 것은 맞지만 (beggar-thy-neighbor) 그렇다고 자국에 일자리를 자동으로 가져다주는 것은 아니다. 첫째, 일자리 감소는 중국 등지에서 들어오는 저가 수입품이 유일한 원인이 아니고 기술 발달에 따른 자동화 등 여타 변수들이 일자리에 더 큰 영향을 미친다. 중국의 WTO 가입 이래 대중 수입품과 제조업 일자리 감소 사이에 유의미한 상관관계가 있는 것은 맞지만 이에 못지않게 이 시기는 "자동화"가 급속히 진전된 시기이다. 역사 속에서 자동화는 부단히 저숙련 일자리를 없앴으며 시차를 두고 새로운 일자리를 창출했다. 중국 수입을 축소하더라도 자동화에 의한 구 일자리 감소는 지속될 것이다.

둘째, 구 산업과 구 일자리는 자유무역을 거치며 장시간에 걸쳐 도태되었기 때문에 고관세로 리쇼어링한다 해도 구 기업이 사라진 자리에서 다시 구 제조업을 부활시키지는 않는다. 새로운 제조업은 친기업적 정책, 낮은 노조 조직률, 저임금 등의 특징을 가진 썬벨트에서 보다 자동화된 시설로 고숙련 노동력과 함께 신설될 가능성이 크다. 미국이 한국, 일본 등에서 위압적으로 유치한 대규모 투자도 마찬가지 상황에 있으며 나아가 트럼프가 지배권까지 행사하려 함으로써 많은 불확실성을 안고 있다. 또한 구시대의 제조업을 복구하려 해도 트럼프의 고관세 정책이 오래 지속될 것이라는 확신이 서지 않는 한 기업들의 투자가 부활하기는 어렵고 투자한다 해도 실제 고용 효과를 발휘하기 위해서는 수년씩 걸린다. 중요한 것은 리쇼어링이 러스트 벨트 아닌 곳에서 일어날 경우 정국의 방향타인 경합주에서 패배할 수 있다는 점이다. 나아가 고관세 보호주의 장벽 안에서 부활한 기업이 있다고 해도 이들은 존스법이 미국 조선업을 몰락시켰듯이 우물밖 글로벌 경쟁에서 비교열위를 가질 수밖에 없다.

셋째 보호주의는 보복 관세를 불러와 비교우위로 상대국에 진출한 미국 고부가가치 산업의 수출을 감소시킴으로써 일자리 감소를 가져올 가능성이 크다. 자유무역과정에서 미국은 저부가가치 상품 수출을 줄이고 고부가가치 제조업과 서비스 수출을 증대시켰는데 전자가 후자의 전제처럼 작동했다. 만일 보복관세를 불러와 관세전쟁으로 치닫는다면 미국은 저부가가치 산업을 보호하기 위하여 고부가가치 산업을 희생시키는 역설이 발생할 것이다. 많은 국가들이 자유화 1백년 동안 보호주의로 돌아가기보다 자유무역의 부작용을 최소화하는데 진력한 이유이다.

2. 무역적자 해소와 보호주의의 딜레마

트럼프 고관세정책은 주목적이 무역적자 해소이다. 미국을 더 필요로 하는 한국 일본 등은 큰 양보안으로 타협했지만 어느 정도 협상력을 갖춘 EU나 과도한 요구사항으로 미국에 대한 필요성이 탕감됐다고 판단하는 캐나다 멕시코 등은 보다 강경한 반응을 보였다. 상대국들도 양면게임(two-level game)을 하고 있기 때문이다. EU의 경우도 합의안을 타결한 이후에 프랑스 헝가리 등 구성국의 반발이 거세다. 미국을 덜 필요로 하거나 트럼프 2.0의 요구가 과도하다고 판단하는 국가들의 경우 고관세를 받아들이기보다 보복관세로 대응하고 무역 전환 등 무역 다변화를 통한 헤징을 선택할 가능성이 높다. 중국, BRICS 그리고 글로벌 사우스의 반발이 특히 심하다.

협상 또는 "트럼프 서한" 일방 통보를 통하여 고관세 부과를 일단 마무리한 미국은 평균관세율이 이전 2%에서 17%가 되는 고관세 국가가 되었다. 이제 고관세는 소비세 역할을 하여 수입 견인 인플레를 야기할 것이며 인플레로 인한 수요 축소가 겹쳐 비용발 스태그플레이션이 찾아올 가능성이 크다. 1930년대 관세전쟁과 달리 지난 30년의 세계화로 인하여 세계가 하나의 생산체제로 통합되고 미국 기업들이 고도의 후방통합(backward integration)을 추진해 왔다는 점에서 불황 요인은 과거보다 크다. 올해 금리 인하를 예고했던 연준도 고관세 이후 인플레 우려로 고금리를 내리지 못하고 있다가 이제 불황 조짐이 나타나면서 금리 인하를 시작할 태세에 돌입했다.

미국 무역적자가 오로지 불공정 무역에서 비롯된 것이라면 관세를 조절함으로써 해결할 수도 있을 것이다. 하지만 미국 적자의 원인은 훨씬 다양하다. 미국의 무역적자는 기축통화와 안전자산으로서의 달러화 매력, 미국민들의 낮은 저축률과 높은 소비성향, 미국 정부의 과다한 채무, 생산비를 낮추어 비교우위를 유지하고자 하는 미국 기업의 오프쇼어링 등 복합적 요인에 의하여 발생한다. 이러한 문제에서 원인 치료를 하지 않는 한 적자는 쉽게 해소되지 않을 것이며 반면 어떠한 치료법도 고통을 수반한다. 예를 들어 트리핀 세계(Triffin Dilemma)에서 적자를 통한 유동성 공급을 줄이고 기축통화의 역할을 축소시키면 외환에 신경 안 쓰고 적자 무역, 해외직접투자 그리고 재정적자를 감행했던 편익을 잃게 된다. 2024년말 미국채 36조 달러의 30%는 외국인이 보유했는데 달러가 기축통화로서의 안전자산 지위를 잃으면 미 국채금리는 상승할 수밖에 없다. 역으로 미국채가 없었다면 외국이 보유한 달러는 그 나라 시장에서 자국 통화를 약세로 만들어 대미 수출과 흑자를 줄였을 것이다. 역설적으로 미국 재정적자가 무역적자를 견인하는 모양새다.

트럼프가 외면한 세계화의 양지에서 미국은 가장 성공적인 산업 및 수출 고도화와 경제 성장을 이룬 나라이다. 무엇보다도 자유화 및 자동화 30년 동안 미국은 발군의 성장을 달성했다. 1990년대 다같이 1인당 GDP 3만 달러대이던 미국, 영국, 독일, 프랑스, 일본은 2024년 현재 미국만 8만 달러 이상으로 올랐고 다른 국가들은 5만 달러 이하에 머물렀다.

소수 생산자의 작은 이익 보호를 위하여 큰 소비자 이익을 희생하는 보호주의 정책이 자유주의 정책보다 열등하다는 것은 이론적으로뿐만 아니라 경험적으로도 정립됐다. 역사적으로 최대 관세전쟁을 초래한 스무트-홀리관세법(1930)은 대공황을 심화시켰으며 이를 주도한 스무트와 홀리 의원은 의회 재진출에 실패해 정계를 떠났다. 이 법은 4년만에 관세인하법(RTAA, Reciprocal Trade Agreements Act, 1934)으로 대체되고 지역구 의원들에 의해 주도되던 보호주의의 폐단을 막기 위하여 무역협상권은 국민 일반이익을 대표하는 대통령에게 대폭 이관되었다.[7]

무엇보다도 트럼프 보호주의의 문제는 미국만이 시대착오적 보호주의 철옹성을 쌓아 MAGA(Make America Grounded Alone)로 귀결되고 여타 국가들은 자유무역을 유지할 가능성이 크다는 것이다. 미국처럼 구조 조정에 대한 저항이 크지 않는 한 다른 국가들이 자유무역의 더 큰 편익을 포기하고 보호주의를 실행할 필요성은 적다. 여타 국가들이 국제협력의 이점인 규모의 경제와 특화 효율성의 이득을 얻을 때 미국은 상대적으로 낙후될 가능성이 크다. EU는 이미 인도와 자유무역 협상을 시작했다. 중국도 유럽 기업들을 대거 초청하여 중국 진출을 장려했으며 아프리카 53개국에 중국 시장에 대한 자유 접근을 허용하겠다며 협상을 시작했다. 여타 국가 입장에서는 미국과 패권 경쟁을 벌이면서 전보다 나은 조건을 제시하는 중국이라는 새로운 선택이 생긴 것이다. 나아가 미국의 자비로운 패권 공급이 아니라, 미국 외 국가들의 자발적 수요에 의한 비패권적 국제협력질서(non-hegemonic stability) 구축도 이론적으로나 경험적으로 가능하다. 한자 동맹, 19세기 유럽 콘서트(Concert of Europe), 유럽연합 결성 등은 좋은 예이다. 지금은 자유주의 질서를 새로 창출하기보다 기존 체제의 규칙과 제도를 일부 수정하는 선에서 계속 사용할 수도 있는 이점이 있다.

---

[7] 관세인하를 위하여 대통령에게 무역협상 주도권을 부여한 RTAA가 트럼프 대통령에 의하여, 긴급국제경제권법(IEEPA)을 내세우고는 있지만, 관세인상 수단으로 사용되고 있는 것은 역설적이다.

미국이 진정 무역적자를 축소하고자 했다면 보다 나은 대안들이 존재한다. 플라자협정(1985)처럼 협의와 합의를 통하여 주요 무역흑자국의 통화가치를 올리거나 비관세 장벽을 낮춘다면 구조조정의 비용을 미국이 아니라 상대국에게 미룰 수 있는 이점까지 있다. 또한 상대국 협조가 만족스럽지 않을 경우 미국은 외국인에게 지불되는 달러화에 사용세 부과, 무역흑자국 통화를 매입하여 환율 조정하기 등 일방주의적 조치도 가능하다. 어떠한 조치도 추가적 비용이 없는 정책은 없다. 하지만 이러한 정책들이 고관세 폭탄의 부작용에 비하여 비용이 더 크다고 할 근거는 없다.

3. 국제안보체제에 대한 혼선

유럽 강대국들을 동맹이라기보다 갈취국가로 인식하는 트럼프의 세계관은 미국, 유럽, 중국의 3극체제 시각으로 보인다. 이러한 "현실주의" 세계관은 민주·공화 양당이 전통적으로 견지했던 자유주의적 양극체제 세계관과 정반대이며 "개인적 자유, 민주주의, 인권, 그리고 법의 지배라는 공통가치에 기반"한다는 나토 창립 목적을 부정하는 것이다. 트럼프에게 나토는 각자 다른 국익을 가진 강대국들의 잠정공존(modus vivendi)처럼 보인다. 볼턴(John Bolton) 전 국가안보좌관은 트럼프가 실제로 나토를 탈퇴할 만한 사람이라고 말한 바 있다. 중국 억제보다 보호주의를 우위에 둔 트럼프 일방주의는 수세에 몰렸던 러시아 북한 등 독재국들을 중국 중심의 "반미주의"("conspire against The USA")로 단합하도록 만들고 동맹들을 중간지대로 내몲으로써, 그간 중국이나 북한이 주장하던 다극적 세계체제를 스스로 창출해주고 있다.

현실주의적으로도 양극체제와 다극체제는 작동 논리가 다르다. 다극

체제는 강대국들이 생존이라는 민족국가적 이익을 위하여 불확실한 서로의 의도를 두고 가변적인 세력균형을 취하는 체제이고 양극체제는 우적이 명백하여 영합게임(zero-sum game)이 이루어지는 체제로서 고정된 세력균형 정책을 펴게 된다. 트럼피즘이 중국을 패권 도전국이라고 인식하는 한 자유주의적 양극체제가 3극체제보다 미국에 훨씬 유리하다. 미국과 유럽이 동맹한 나토가 있는 한 중국 + 러시아는 상대가 되지 못한다. 2024년 미국 GDP는 29조 달러, 나토 유럽 회원국들의 GDP는 19조 달러로서 도합 48조 달러인 데 비하여 중국 GDP는 18조 달러에 불과하다. 호주, 일본 등을 합친 자유주의 동맹은 중국에 러시아, 이란, 북한을 합한 "수정주의의 축"(Axis of Upheaval)보다 월등한 우세를 보인다. 그렇다면 미국과 유럽의 동맹은 강화해야지 약화시킬 것이 아니다. 방위비 등 책임분담(burden sharing)은 동맹국 사이에서 협의와 합의로 해결할 문제이지 동맹 분열을 위협하며 일방주의적으로 위압할 문제는 아니다. 트럼피즘이 우적 구분을 모호하게 만든다면 자유주의 동맹은 취약성을 띨 것이며 유럽이 미국을 패싱하여 보다 자유롭게 중국과 비전략적 공급체인에서 자유무역세계를 건설하지 않을 이유가 없다. 트럼프의 현실주의 정책이 중국을 견제하려던 목표와 정반대로 다시금 패권국이 도전국을 강화시켜주는 결과를 가져온다면 미국민이 받아들일 것인가.

4. 권위주의적 결정주의의 결함

트럼프의 권위주의적 성향은 객관적 사실보다 개인의 확증편향에 기초한 결정을 내리도록 만든다. 이렇게 결정된 트럼프의 고관세는 세계화의 양지는 가리고 음지를 대변하는 보호주의를 국가정책화함으로써 '성급한 일반화(hasty generalization)의 오류'를 범했다. 이제 보호주의 정책은 세계화의 양지가 부여했던 편익을 침해당한 소비자 미국민과 다국적기업을 연결하는 더 큰 시장연합을 형성시킬 것이다. 또한 위압적으로 고관세를 던져놓고 높은 자세에서 협상하는 트럼프식 협상의 기술이 처음부터 성실하고 진지하게 설득했을 때보다 얼마나 큰 초과 이득을 볼 수 있을지도 의문이다. 상대방 나름대로 양보할 수 있는 한계선이 존재할 뿐만 아니라 미국의 위압적 지경학으로 일부 더 양보를 했다고 해도 이후 전개과정에서 위압에 의한 손실을 벌충하고자 자신들의 지경학을 실행할 것이기 때문이다. 위압에 의한 결과는 자발적 동의에 의한 결과보다 지속가능하지 않다.

이슈들의 상호연관성과 반복게임적 성격을 무시한 단편적 결정들은 또한 심각한 부작용 꼬리물기를 가져온다. 트럼프는 고관세가 불황 우려를 낳자 중앙은행에 금리 인하를 압박했고 이로 인해 금융시장이 요동치자 방향을 돌려 무역흑자국에 대규모 대미 투자를 압박했다. 그래도 중간선거 패배 가능성이 커지자 텍사스 등에 제리맨더링을 통한 의석 확대를 압박했으며 이에 블루 스테이트인 뉴욕과 캘리포니아 등이 맞불을 놓겠다고 하자 주춤한 상태다. 또한 일본 자동차 관세를 25%에서 15%로 즉흥 인하하자 캐나다나 멕시코에서 수입하는 자동차 부품에는 여전히 25% 관세가 붙어 미국 자동차 기업들을 징벌하는 부작용도 낳았다. 신중한 결정 시스템에서는 예방되었을 부작용이 연쇄적으로 이어지는 것이다.

나아가 대외정책에서는 상대가 시스템에 의해 움직이는 외국 정부들이다. 한 사람의 지혜가 열 사람의 지혜보다 나을 수 없다. 또한 상대국의 정책결정시스템이 객관적 사실과 논리에 기초한다면 거짓정보와 개인의 통찰에 기초한 결정들보다 우세할 수밖에 없다. 푸틴이 트럼프를 "가지고 논다"는 평가가 등장하는 것도 이러한 상황을 대변해준다. 기본적으로 현실을 단순화한 포퓰리즘은 좋은 선동이긴 하지만 정책으로서는 난관에 부딪힐 수밖에 없다.

5. 정책실패의 정치적 환류

대통령 후보는 수사와 선동 그리고 포퓰리즘을 통하여 당선이라는 목표를 달성할 수 있지만, 대통령은 도전과 응전이 환류되고 반복되는 정치과정에서 정책과 실적으로 평가받는다. 킹메이커로 불리며 정부 구조조정을 주도했던 재정긴축론자 머스크는 향후 10년간 3~5조 달러의 국채 증가를 가져올 OBBBA를 "끔찍한 법안"이라고 비난하면서 제3당(America Party)을 창당하겠다고 공표했다. 이 법이 자신이 개발하는 미래 기술에 대한 보조금을 중단하고 과거 기술인 석유산업을 지원한다는 이유도 들었다. 무엇보다도 트럼프 2.0이 세계화 음지의 "지방적"(parochial) 지지에 기초한 보호주의를 "국가" 정책화하고 본격적으로 트럼피즘 정책들을 추진하면서 미온 다수 대 강렬 소수 정치가 본격 작동하고 MAGA 분열은 가속화되고 있다.[8]

강렬 소수를 위한 트럼피즘이 실행됨으로써 온건 다수가 여론, 시위, 소송, 시장의 저항, 지역구 의원들에 대한 압박 등으로 동원되고 있다. 여론조사들에 따르면 취임 100일 시점에서 트럼프 대통령 직무 수행에 대한 부정 평가가 긍정 평가보다 10% 포인트 높았다. 공약 실현을 담은 OBBBA에 대해서는 반대가 지지보다 대체로 20% 포인트 높았다. 무

8　보호주의는 피해를 집중적으로 입은 소수 강렬집단(intense minority)이 혜택을 얇게 보는 온건 다수와의 게임에서 종종 승리하는 집단행동의 논리로 설명된다(Mancur Olson). 자유무역에 의한 큰 피해는 소수 집단에 집중돼 있고 작은 편익은 대규모 다수집단에 분산돼 있음으로써 전자가 강렬하게 집단행동을 하는 반면 후자는 무임승차를 기대함으로써 집단행동을 하기 어렵다는 것이다.

엇보다도 시장의 반응이 냉랭하다. 안정성과 예측성이 생명인 시장 경제에서 트럼프의 급진적 전환과 즉흥적이고 비일관적인 불가측성에 의해서 거의 모든 경제 지표들이 부정적인 반응을 보였다. 금융시장은 국채를 포함한 채권, 주식, 달러 등 트리플 약세를 보임으로써 소위 "금융 자경단(vigilante)"의 등장을 알렸다. 특히 고관세로 인한 스태그플레이션 징조, 재정적자를 늘리는 OBBBA, 그리고 불황을 막기 위해 연준 이사회 파월(Jerome Powell) 의장에게 금리 인하와 사임을 압박한다는 뉴스 등으로 달러화 가치는 폭락했다. 6월 30일 현재 달러 인덱스(DXY)는 6개월 기준 10.7% 포인트 떨어져 브레튼우즈 체제가 붕괴된 1973년 상반기 (-14.8%) 이후 50년 만에 최대 낙폭을 기록했다. 보수, 진보 정권을 막론하고 시장의 반응은 자주 정권의 운명을 가른다.

트럼피즘에 대한 반대 여론이 2026년 중간선거를 향하여 나아가고 있다. 중간선거에서 패배할 가능성이 커지면 트럼프의 선택은 "싸우자(Fight! Fight! Fight!)"와 "정책 선회"로 나뉠 것이며 최종 선택은 그에게 달렸다. 평생 실패를 인정하지 않고 싸움으로 일관한 트럼프도 시장과 유권자들의 거대한 저항 앞에서 자패적 정책을 밀고 나가기는 쉽지 않을 것이다. 그렇다고 아무런 정당화나 희생양 없이 정책을 선회하기에는 그의 나르시시즘이 용납하기 어려울 것이다. 어떤 선택을 하든 2026년 중간선거에서 구성된 의회 또는 2028년도 대선 결과는 트럼피즘을 상당 부분 수정하거나 폐기하게 만들 가능성이 크다.

6. 트럼프 레거시

트럼피즘은 자주 옳은 문제의식에 잘못된 대응(Right idea, wrong reaction)을 보인다. 트럼피즘이 선거 과정을 통해 약화되더라도 트럼프 대통령이 제기한 일부 문제는 여전히 유효한 트럼프 레거시로 남아 합리적인 해결책이 모색될 가능성이 크다.

첫째, 근대 자유주의의 기둥을 이루는 DEI정책과 사회복지는 민주당이 재집권할 경우 일부 부활할 것이다. 트럼프 2.0이 DEI정책을 폐기한 후 운동장이 약자 및 소수집단에게 과도하게 불리한가 여부에 대한 중도층의 향배에 따라 부활 정도가 결정될 것이다. 트럼프가 OBBBA에서 삭감한 서민 의료보험, 사회 복지, 그린 에너지 등을 민주당 정부가 되살리려 하겠지만 거의 상한선에 다다른 재정건전성이 한계를 설정할 것이다. 대규모 이민자 단속은 예외적으로 이들의 저임금에 의존했던 중소기업들의 지지를 약화시킬 것이다.

둘째, 미국의 과도한 무역적자 문제는 해소되어야 할 것이다. 우선은 긴급국제경제권법(IEEPA)에 기초한 트럼프 2.0 고관세 부과가 대법원의 최종 판단에 따라 미국 보호주의를 뒤흔들 가능성이 존재한다. 무엇보다도 고관세 타결안은 교역 상대국의 정치경제를 강타할 것이다. 상대국들이 국내 정치에서 구조조정을 순조롭게 진행할 수 있을지 아니면 보복관세라는 민족주의의 길로 갈 것인지가 현안으로 부상할 것이다. 이러한 불확실성에도 불구하고 미국으로서는 무역수지 적자를 유발하는 다른 요인들을 완화시키지 않으면 안 될 것이다. 무역적자를 축소하기 위하여 재정적자 축소와 달러 약세화는 필수적인 바 그 동안 양당이 사회복지와 수입복지에 대해 견지했던 "너그러운 무시"(benign neglect) 정책은 더 이상 유지하기 어려울 것이다. 궁극적으로 소비자로서의 미국민이 고통을 피할 방법은 없다.

셋째, 포스트 트럼피즘 시대의 미국은 상당 부분 자유주의 무역질서로 복귀할 가능성이 크다. 세계화의 음지가 불러온 보호주의의 폐해가 미국민들 다수로 하여금 잃어버린 자유주의의 양지를 소환하게 할 가능성이 크기 때문이다. 또한 보호장벽 뒤에서 성장한 산업들은 글로벌 경쟁력을 갖추지 못 할 것이다. 더구나 중국과 여타 세계가 자유무역을 유지하는 가운데 미국만이 보호주의의 갈파파고스로 전락하는 것은 미국의 상대적 쇠퇴를 가속화할 수밖에 없다는 현실주의 관점에서도 미국익에 반한다. 스무트-홀리 관세법이 상호 관세감축을 촉진하는 상호관세법으로 대체되는데 4년이 걸렸다. 트럼프 2.0도 비슷한 보호주의의 결말을 맞을 가능성이 크다. 자유주의 질서가 재활성화될 경우 일부 수정은 불가피하다. 2010년대 실지회복적(revanchistic) 러시아와 팽창주의적 중국의 등장으로 안보 이익과 경제 이익이 분기된 지정학이 등장함으로써 미국 단일 패권을 배경으로 비차별과 최혜국대우라는 보편주의에 기초하여 구축된 기존의 자유무역질서는, 특히 중국과 관련하여, 수정될 수밖에 없다.

넷째, 트럼프 1.0이 미국민에게 중국의 위험성을 일깨우며 대중 견제를 시작한 이래 대중정책만은 초당적 지지를 얻고 있다. 중국에서 오는 전략 물자 공급선 탈피, 첨단 기술 수출 및 투자 통제, 고율의 상호관세 부과 등 트럼프 2.0의 기본 방향은 유지될 것으로 보이지만 비전략적 무역에 대해서는 전통적 협력 정책이 유지될 것으로 보인다. 대중 의존이 안보 위협으로 전환될 가능성이 적은 일반 교역품의 경우 국제무역이 가져다주는 상호이익을 마다할 필요가 없기 때문이다. 또한 주요 품목 공급선에 있어서도 리쇼어링보다 동맹국과 규모의 경제를 실현할 수 있는 프렌드쇼어링이 전략적으로 이득이다. 어쨌든 중국 쇼크에 의해 등장한 바이든과 트럼프 행정부의 레거시는 탈신자유주의(post-neoliberalism)로 불리면서 시장과 지정학을 동시에 고려하는 산업정책, 공급체인의 조정, 자본 이동의 조절 등 당분간 정부의 일부 시장 개입을 강화할 것으로 보인다.

다섯째, 대중 견제를 위해서라도 미국민들이 자국우선주의보다 더 효과적이고 효율적인 자유주의 동맹에로의 회귀를 선택할 가능성이 크다. 하지만 트럼프 2.0이 도입한 안보의 지역책임화와 지역 국가들의 방위비 증대는 기본적으로 존속할 것으로 보인다. 미국 재정적자가 미국으로 하여금 세계경찰역과 동맹국들의 "저임승차"(cheap ride)를 더 이상 수용하기 어렵게 그리고 본토와 서반구로 더욱 고립하도록 만들기 때문이다. 다만 지역책임화가 현실화하기 시작하면 지역 국가들 역시 보다 큰 발언권을 획득하게 되고 미국으로서는 과거와 같은 영향력을 행사하기가 어렵게 될 것이다.

여섯째, 중강도 지역 분쟁을 둘러싸고 트럼피스트 내부뿐만 아니라 미국민 사이에서도 개입주의 대 고립주의 논쟁은 계속될 것이다. 대중억지와 같이 미국의 핵심이익이 걸린 정책을 제외하고는 고립주의 노선을 견지하고 국내정책에 집중해야 한다는 미국 우선주의는 보호주의와 운명을 같이 할 것이다. 미국이 자유주의로 복귀한다면, 여전히 재정적자가 한계로 작용하겠지만, 글로벌 상호의존이 증대하는 만큼 미국의 해외 개입은 늘 수밖에 없을 것이다.

V
한국에의 정책적 도전과 고려사항

압도적인 다수 여당을 배경으로 진보적인 이재명 정부가 "국익 중심의 실용외교"를 기치로 출범했다. 하지만 한국이 당면한 국내외 상황이 녹록치 않다. 경제 잠재성장률은 0%대까지 계속 하락할 수 있다는 전망이 나오고 올해 경제성장률은 트럼프발 관세폭탄 이후 0.6~1.0% 포인트 하향 조정되고 있다. 밖으로부터 관세 전쟁, 미중 전략적 대결, 중국의 서해 내해화 공정, 북핵무기 실전화 등 복잡하고 위협적인 지정학이 밀려오고 있다. 와중에 트럼피즘은 한국에 지각변동 규모의 악영향을 미치고 있다. 구체적인 정책들은 본론에서 논의될 것이며 여기서는 트럼피즘 정세 속에서 한국에 대한 도전과 응전 방향을 개략적으로 짚어보고자 한다.

본 장의 분석대로 트럼피즘이 강하게 추진되다가 자패적 요인들로 인하여 약화될 가능성이 크다면 트럼피즘이 영원할 것이라고 가정할 것이 아니라 트럼피스트 미국과 포스트 트럼피즘 미국을 분리하여 상황변동적으로 대응하는 정책을 마련해야 할 것이다. 통상 가변적 미래의 경우 중요한 결정을 최대한 늦추는 것이 바람직하지만 트럼프 대통령의 개성은 또한 그의 요구를 거절하거나 정면으로 맞서는 것을 용납하지 않는다. 그의 "화염과 분노"를 피하기 위해서는 기본적으로 그의 요구가 과도하다 하더라고 어느 정도 수용하는 자세를 보이되 몇 년 뒤 수정할 수 있는 여지를 최대한 확보하는 것이 좋을 것이다. 한국의 경제 안보 현실에서 선택의 여지는 큰 것 같지 않다.

트럼프의 권위주의적 실리주의라는 개성이 알려주는 협상의 기술은 그가 비록 호의와 아첨에 약하다 하더라도 정확하게 실리주의적 목표를 성취한다는 점에 대비해야 한다는 것이다. 따라서 그의 목표가 정확히 무엇인지, 그의 발언 중 어떤 것이 진정성 있는 것이며 어떤 것이 성동격서인지, 그가 동원할 수 있는 국내외 권력자원이 어떤 것인지 부단히 파악하고 구분해야 할 것이다. 일본은 "아부외교"(阿諛外交)를 펼치고 타이완의 TSMC는 거대한 대미 투자 약속을 했지만 최초 관세폭탄을 피하지 못했다.

과도한 대미 흑자에 대해서는 대미 수입과 투자를 늘릴 수밖에 없다. 하지만 양면게임을 해야 하는 한국 정부에게 대미 수입 증대는 농축산물 등 한국 동종 산업의 저항을 불러올 것이며 대규모 대미투자 역시 한국의 제조업 공동화를 야기하며 비교우위 산업의 기세를 꺾을 수 있다. 이 문제를 어느 정도 해결할 수 있어야 "당신 카드가 무엇인가"라고 묻는 트럼프 대통령에게 내세울 "트럼프 카드"를 쥘 수 있을 것이다. 또한 트럼프 행정부의 핵심정책인 대중 견제와의 연계정치(linkage politics)에 비추어 한국의 대중정책이 어떤 모습일지가 대미무역에 큰 영향을 미칠 것이다. 궁극적으로 경제 대국의 전횡을 피하기 위해서 과도한 대미의존을 줄이고 무역 다변화를 추진해야 할 것이다.

동아시아에서 전개되는 미중의 패권적 국제질서 경쟁에서 한국의 역할과 트럼피스트 안보비용 청구서가 중차대한 정책 환경으로 떠오르고 있다. 대미 안보 의존으로 번영한 독일 일본 등 동맹들이 미국 자동차 시장에서 미국 차를 몰아내던 1980년 중반 소련 위협이 사라지면서 동맹에 대한 트럼피스트 회의론과 책임분담론은 거세게 일어났다. 이후 미중이 패권 경쟁을 벌이는 지정학이 등장함으로써 전략적 전환과 비용 분담

필요성을 느끼는 트럼프 행정부는 한국에 두 가지를 요구하고 있다. 하나는 지역안보화 정책에 따라 북한 억지를 전담하라는 요구이고 다른 하나는 대중견제에 동참하라는 것이다. 미국은 주한미군을 대중 견제에 투입하기 위한 "전략적 유연성/자율성"을 확보해야 하는데 이를 위해 한국의 대북 전수억지는 필수다. 이를 둘러싼 주한미군 이동, 전작권 전환, 주한미군과 주일미군의 전구 통합(One Theater), 주한미군 분담금 등 "동맹 현대화"의 과제가 밀려오고 있다.

한국의 대중 견제 문제는 한국이 대북 전수방위에서 나아가 직접적 중국 견제에 얼마나 동참할 것인가의 문제로서 궁극적으로는 한국이 인도·태평양판 집단방위체제 창설에 참여할 것인가로 귀결될 가능성이 크다. 한국은 최대 수출국인 미국에의 무역 의존, 대중견제역을 맡은 주한미군의 존재, 무역협상 타결에서 제시한 안보 조선 협력 MASGA 및 3,500억 달러의 대미 투자 등으로 인하여, 명시적은 아니더라도, 이미 미국에 편승한 셈이다. 편승에 따라 미국이 청구하게 될 안보비용은 미국의 현 국방비 비중인 GDP의 3.4% 이상이 될 가능성이 크며 이는 한국의 현 비중 2.32%에서 50% 이상 증액되는 것이다. 갈수록 안미경중의 여지를 축소하라는 트럼프 미국의 압박 속에서 얼마나 숨쉴 공간을 확보할 수 있느냐, 주저할 경우 다가올 신애치슨 라인("트럼프 라인")과 같은 "방기"(abandonment)의 위험을 감당할 수 있느냐 등이 더욱 한국의 지혜를 시험할 것이다.

한국이 전수방위를 떠맡을 경우 거의 유일한 장애는 북한 핵무기이다. 북핵이 이미 50기를 넘어 실전화하고 있는 상황에서 여전히 불안한 미국의 확장억지에 의존할 것인가 아니면 자체 핵무장으로 나아갈 것인가의 문제가 점점 첨예화되고 있다. 북한 비핵화 가능성은 2019년 미북 하노이 정상회담에서 사라졌다. 가치동맹을 평가절하하는 트럼프 2.0에서 한국은 더욱 미국이 서울을 구하기 위해 샌프란시스코에의 위험을 감수할 것인가 하는 드골의 딜레마를 우려하지 않을 수 없다. 핵공유 등을 통하여 아무리 한국의 발언권과 참여를 증대해도 궁극적으로 미국에 최종 핵무기 사용권이 있는 확장억지로 충분한 것인가, 아니면 치명적 핵 비대칭 현실 앞에서 미국이 전수억지를 담당할 한국의 핵잠재력(nuclear latency) 구축에 동의할 가능성은 없는가도 타진되어야 할 것이다. 어떤 경우라도 한국의 국제정치경제를 감안할 때 미국의 동의 없는 비밀 핵개발은 불가능에 가깝다. 또한 강대국 정치를 신봉하고 평화의 사도를 자임하는 트럼프가 주한미군 철수 등 한국을 희생하고 북한과 모종의 거래(deal)에 동의하지는 않을지, 이러한 아이디어들을 과연 미국민과 의회도 수용할 것인지 등도 검토되어야 할 것이다.

급변하는 한반도의 전략적 환경 속에서 남북관계를 어떻게 설정할 것인가도 주요 현안이다. 핵무기에 기댄 북한은 남한과의 관계를 "적대적 두 국가"로 악화시켰다. 북한 비핵화를 달성하려던 20여 년 간의 안보·경제 교환이라는 기능주의적 접근은 무위로 끝났으며 흡수통일 가능성도 당분간 사라졌다. 북핵이 고도화한다고 모든 문제를 북핵과 연계하여 긴장과 위기의 고도화로 대응할 수는 없을 것이다. 개념적으로 남북 관계 개선 비전을 그려본다면 현재의 적대적 대결에서 평화적 병존으로 전환하는 과제가 급선무이고 나아가 교류와 협력이 증대하는 평화공존을 거쳐 궁극적으로 비핵화와 함께 통일을 이루는 것이 될 것이다. 이 지난한 관계 개선의 구체적인 과제와 정책들이 무엇일지에 대한 탐색도 중요할 것이다.

VI
나가면서

대한민국에 19세기말과 비슷한 그러나 결코 똑같지 않은 지정학적 위험과 위기가 대륙과 해양으로부터 충돌하듯이 닥쳐오고 있다. 국제적 도전 앞에서 내부적으로 단합해야 할 필요성은 크지만 병자호란 와중에 무력항전해야 한다는 주전파와 외교적 해결을 주장하는 주화파가 그리고 펠레폰네소스 전쟁 전야의 아테네가 강경파와 온건파의 이상주의 대 현실주의로 갈라졌듯이 응전을 둘러싼 분열이 의외로 가중되기도 한다. 어느 때보다 현명한 통합을 이루고 신중한 비전을 제시하는 국가운영의 지혜(statecraft)가 필요한 때이다.

02

북한의 '두 개의 국가론'과 한국의 대응 방안

박 영 호
전 통일연구원 선임연구위원

I
현황과 문제점

2025년은 한반도 분단 80년, 대한민국(남한)과 조선민주주의인민공화국(북한) 출범 77주년의 해이다. 남한과 북한은 일제 패망 후 하나의 독립주권국가로 출범하지 못하고 체제와 이념이 전혀 다른 각각의 국가를 수립함으로써 분단국으로 출범했다. 엄밀하게 말하면, 남한과 북한은 대한제국을 이어받은 국제적으로 공인된 국가가 두 개의 국가로 분단된 것이 아니다. 이 점에서 제2차 세계대전 패전국 독일(Deutsches Reich)이 두 개의 독일(독일연방공화국/서독과 독일민주공화국/동독)로 분단된 사례와는 다르다. 북한의 무력통일 시도가 실패한 1953년 7월 종전 후 남한은 휴전선 이남 지역, 북한은 그 이북 지역에 대한 독립 주권적 관할권을 갖고 행사해왔다. 남한과 북한은 적대관계가 고착된 상태에서 한반도 전체의 정통성을 두고 경쟁해왔다.

남한과 북한은 상대방을 국가로 인정하지 않으면서 통일을 국가목표로 추진해왔다. 그러나 남한은 자유민주주의 체제로의 통일을, 북한은 공산주의 체제로의 통일을 지향함에 따라서 대립과 갈등이 양자 간 관계의 본질이 되었다. 이러한 상황에서도 남한과 북한은 때로는 대화와 화해, 교류협력의 모습을 보여주기도 했다. 1971년 8월 이후 지금까지 남한과 북한은 667회의 회담을 하고 남북기본합의서, 한반도 비핵화 공동선언, 6.15 공동선언 등의 합의문을 발표했다. 그들은 속내와는 상관없이 관계 개선과 평화통일의 필요성에 관한 주장을 버리지 않았다.

그런데 2023년 12월 연말 김정은 정권은 노동당 중앙위원회 제8기 제9차 전원회의 확대 회의에서 남북관계와 통일정책의 '근본적인 방향 전환'을 선언하고 "북남관계와 통일정책에 대한 입장을 새롭게 정립"한다면서 '두 개의 국가론'을 들고 나왔다. 남북관계의 성격을 "동족 관계, 동질 관계"가 아니라 "적대적인 두 국가 관계, 전쟁 중에 있는 두 교전국 관계"의 '완전한 고착'으로 규정했다. 이어 2024년 1월 초 북한 최고인민회의는 "80년간의 북남관계사에 종지부를 찍고 조선(한)반도에 병존하는 두 개 국가를 인정한 기초 위에서 대남정책을 새롭게 법(제)화"했다. 그리고 대한민국은 "화해와 통일의 상대이며 동족"이 아닌 "철저한 타국"이자 "가장 적대적인 국가"로 규정하고, 헌법에 한반도에서 전쟁이 일어나는 경우 "대한민국을 완전히 점령, 평정, 수복하고 공화국(북한) 영역에 편입시키는 문제"를 반영하기로 했다.

북한 헌법과 법률 등에 대한민국은 '타국', '가장 적대적인 국가'라는 점이 반영되고, "(북한의) 민족역사에서 '통일', '화해', '동족'이라는 개념"이 제거되었다. '독립적인 사회주의국가'로서 조선민주주의인민공화국의 정체성을 새롭게 강조했다.

이로써 김정은은 '조국 통일이 최대의 민족적 숙원'이라는 김일성의 유훈과 김정일의 '조국통일 3대 헌장'을 쓰레기통에 버렸다. '선대의 염원이며 민족의 숙원인 조국통일'을 달성하겠다는 인민에 대한 자신의 다짐도 뒤집어버렸다.

사실 사회주의진영 붕괴 이후의 김일성·김정일 시대에 북한은 체제 방어를 위해 '하나의 민족, 하나의 국가'로의 통일을 말하면서도 '두 개의 제도, 두 개의 정부'에 토대할 것을 주장했다. 사실상 '하나의 조선' 논리를 폐기한 셈이다. 돌이켜보면, 북한이 지난 30여 년 핵무기를 개발하면서 때때로 '통일'을 말하며 남북대화와 교류협력에 임한 것은 체제·국가·정권 방어·유지·보장을 위한 실리 전략이었다. 2017년 11월 이른바 '전략국가'를 달성한 김정은은 그 토대 위에서 대미·대남 접근을 통해 경제적·외교적 자원 확대에 나섰으나 실패했다. 2019년 6월 남한에 대해 대적투쟁을, 10월에는 미국에 대해 '정면돌파전'을 선언한 김정은 정권은 대남·대미 강경정책을 본격화했다. 2022년 연말에는 대미·대남 '강대강, 정면승부의 대적 투쟁원칙'을 보다 구체화하였으며, 마침내 2023년 연말 남북관계를 '적대적 두 국가 관계, 두 교전국 관계'로 선언하여 '하나의 조선' 논리는 완전히 폐기됐다.

2019년 하반기 이후 남북관계는 단절되었으며 미·북 관계도 마찬가지다. 이런 상황에서 북한의 '적대적 관계의 두 개의 국가론'은 유구한 한민족 역사·문화·사상의 관점에서 반민족적임은 물론 평화적 방식의 통일 문제 논의를 근본적으로 차단한다. 더욱이 미·중 전략 경쟁 심화, 북한·중국·러시아 3자 간 전략적 협력관계 강화 등의 동북아 지정학의 구조 변화 속에서 한반도의 평화와 안정, 향후 평화적 통일의 길을 여는 여정에 심각한 도전 요인이다. 또한, 분단 장기화의 상황에서 통일 문제에 관해 북한 내부는 물론 우리 국민과 사회의 인식과 여론에도 중대한 영향을 미칠 것이다.

II
김정은 정권의 의도와 정책 전망

김정은은 2019년 1월 신년사까지만 해도 "전민족적 합의에 기초한 평화적인 통일방안"의 모색을 주장했다. 남북정상회담과 미·북 정상회담이 열린 상황에서 그가 우리민족끼리 '평화적인 통일방안'을 모색하고 그 실현에 노력해야 할 것이라고 주장한 일은 전혀 이상하지 않았다. 그러나 같은 해 2월 말 하노이 미·북 정상회담에서 제재 해제와 '핵보유국 인정'의 결실을 얻지 못하면서 그의 태도는 180도 변했다. 대남 적대정책은 남북공동연락사무소 폭파, 9.19 군사합의 파기, 전술핵무기 다량생산 등 공세적 행위로 나타났다. '최대의 주적' 미국에 대한 정면돌파전은 핵무력 강화·고도화와 공격적 핵독트린으로 나타났다.

2021년 1월 노동당 8차 대회에서 김정은은 "통일이라는 꿈은 더 아득히 멀어졌다"라면서 북한이 대남관계에서 "일방적으로 선의를 보여줄 필요가 없(다)"고 강조했다. 돌이켜보면, 김정은 정권의 '두 개의 국가론' 제기는 사상과 제도를 초월하여 통일 문제를 풀어나가자는 '두 개의 제도, 두 개의 정부'에 입각한 소위 '연방제 통일론'을 표면적으로 내세우면서 내부적으로는 독자적인 체제 생존 전략을 모색해온 북한의 정책적 결과다. 예를 들어, 북한 외무성 군축 및 평화연구소는, 남북한 간의 체제대결이 동족상쟁을 불러일으키고 주변국도 싸움에 말려들게 할 것이며, 따라서 '두 체제의 공존, 병존'이 "조선반도의 현실에 맞는 통일의 유일한 방도"이고, "통일국가의 중립화에 대한 주변 나라들의 담보 과정"이 동북아시아 지역에 새로운 평화적 안보구조를 가져올 것이라는 논리로 2015년 신년사 제안이 김정은의 "사상의 정당성을 실증해주고 있다"라고 주장했다.[1] 두 체제의 공존에 의한 통일은 경제적으로도 한반도와 동북아에 이익을 줄 것이라고 주장했다.

이후 김정은 정권은 2015년 8월 15일부터 표준시를 협정세계시(UTC)+08:30으로 변경하는 '평양시간'을 채택·사용하기 시작해 대남관계에서 생활 동시성의 분리를 실험했다. 그러나 2018년 4월 남북정상회담을 계기로 화해 분위기가 일면서 2018년 5월 5일 0시부터 서울시간과 같은 종래의 표준시(UTC+09:00)로 복귀했다. 2017년 11월 29일 '국가핵무력 완성'('전략 국가')을 선언하면서 '우리 국가제일주의'가 등장했다. 핵무력 완성으로 미국과 대등한 지위를 확보했음을 주장하면서 국제 제재 등으로 내외적 어려움에 부닥쳐 있는 '북한 국가'의 정통성을 높이고 인민의 자부심을 높여 체제 통합성을 강화하려는 국가 중심의 담론이다. 김정은은 '정면돌파전'을 기치로 경제적 자력갱생, 군사적 '전략 국가'론을 토대로 한 '우리식 사회주의 강국'으로서의 북한 '국가'를 부각하는 통치 전략을 선택했다. 동시에 특히 남한('괴뢰')으로부터의 정보·사상·문화 유입을 차단하기 위한 제반 법적, 제도적 조치를 병행했다.

대남관계의 단절은 2021년 1월 그동안 대남 통일전선 사업에서 전가의 보도처럼 활용했던 '우리 민족끼리'를 노동당 규약에서 삭제하는 조치로 이어졌다. 2022년 8월 18일 김여정은 '핵은 북한의 국체'이며, 남한 정부에 대해 "제발 좀 서로 의식하지 말며 살자"라는 관계 단절의 속

---

[1] 김예진, "조선반도와 동북아시아 문제 해결을 위한 만능의 처방" (조선민주주의인민공화국 외무성 군축 및 평화연구소 내부 문건), 2015.2.2.

내를 드러냈다. 그해 연말 노동당 중앙위원회 전원회의 확대회의 폐회사에서 김정은은 핵무력정책의 공식 법(제)화로 북한의 안전담보를 구축하고 전략적 지위를 대외적으로 각인시켰다면서 핵무력이 "절대적 존엄(김정은)과 자주권, 생존권" 수호 이외 "제2의 사명" 즉 "방어가 아닌 다른 것"이 있다고 선언하고, 남한을 '명백한 적'으로 규정했다. 그리고 그 적을 상대로 한 '전술핵무기 다량생산'과 '핵탄보유량의 기하급수적 증가'를 2023년도의 '핵무력 및 국방발전 전략'으로 천명했다. 이어 국제관계 구도가 '신냉전' 체계로 전환되었다며 '강대강, 정면승부의 대적 투쟁원칙'에서 대미, 대적(대남) 정책을 추진할 것을 공식 선언했다.

남한을 같은 한(조선)민족으로서의 동족이 아닌 타 국가로, 남북관계를 '나라와 나라 사이의 관계가 아닌 민족 내부의 특수관계'가 아닌 국가 간 관계로 대하는 구체적인 행동 사례는 2023년 7월 초 현정은 현대그룹 회장의 방북을 대남기구가 아닌 북한 외무성 국장 명의의 담화로 거부한 것에서 나타났다. 그 담화에서 북한은 금강산 관광지구는 북한 영토의 일부분으로서 "우리 국가에 입국하는 문제에서 조선아시아태평양위원회는 아무러한 권한도 행사할 수 없다"고 남한 주민의 방북 문제를 국가 간 방문의 문제로 다루었다.

이후 2023년 7월 10일 김여정의 담화를 시작으로 북한 당국은 남한에 대한 비난이나 언급을 하면서 '대한민국'이란 공식 호칭을 사용하기 시작했다. 김정은의 '대한민국' 호칭 첫 언급은 2023년 8월 28일 북한 해군 지휘부 방문 시 행한 연설에서 나왔다.

이러한 과정을 거쳐 앞서 언급한 대로 2023년 12월 연말 남북관계를 공식적으로 "적대적인 두 국가 관계, 전쟁 중에 있는 두 교전국 관계"로 선언한 '두 개의 국가론'을 제기하였다. 이는 단순히 대남관계에서 화해와 갈등의 변곡점에서 나타나는 전술적 전환이 아니다. 김정은 통치

북한의 대남관계에 대한 본질적인 전략의 변화를 의미한다. 그의 말대로 "북남관계와 통일정책에 대한 입장을 새롭게 정립"하는 북한의 남북관계와 통일정책에 대한 '근본적인 방향 전환'이다. 1950년 무력통일에 실패한 이후 김일성·김정일이 수십 년 동안 주장·추진했고 김정은도 이어받은 '외세간섭 배제, 조선(한)민족 간' 평화적(비폭력적, 통일전선 방식) 조국통일 과업의 중단을 의미하기 때문이다. 북한 주민의 뇌리에 각인된 김일성·김정일의 '조국통일방안과 방도'의 포기를 의미한다. 권력 공고화 과정에서 백두혈통의 정통성과 상징성을 두드러지게 강조했던 김정은으로서는 전체주의 독재자이지만 매우 과감한 정책·전략 변화다. 그러나 북한 정권 수립 이후 변치 않고 유지해온 전쟁을 통한 무력통일 방식은 "조선반도에서 전쟁이 일어나는 경우 대한민국을 완전히 점령·평정·수복하고 공화국영역에 편입하는 문제"로서 헌법에 반영되었다.

김정은 정권은 '두 개 국가의 병존'에 토대한 대남정책을 법으로 만들고, 사회주의 헌법에도 대한민국을 '통일을 지향하는 동족'이 아닌 '적대국'으로 명시하는 조치를 하면서[2] '두 개의 국가'를 제도적으로 고착시키는 중이다. 남한과 북한을 별개의 국가로 간주함에 따라 북한의 주권 행사 영역(영토)과 남한과의 국경선 등 관련 법적 조치도 이어졌다. 헌법과 법률, 각종 공식 문서와 출간물, 미디어에서 '자주, 평화통일, 민족대단결'이라는 표현은 사라지고, 대남·통일 관련 조직·시설 등은 폐지되고 파괴되었다. 동시에 북한 주민들을 대상으로 대한민국을 '제1 적대국', '불변의 주적'으로 인식하게 하는 각종 교양 사업을 강화했다.

2024년 10월 15일 김여정을 시작으로 대한민국의 약칭인 '한국' 호칭을 사용하고 있다. 2025년 7월 28일 담화에서 김여정은 '한국은 화해

---

[2] 「조선일보」, 2024.10.17.

와 협력의 대상'이 아니며 한반도에 '국가 대 국가 간 관계가 영구 고착' 하였음을 재강조하면서 남북관계를 처음으로 '조한관계'(조선과 한국의 관계)로 지칭하였다. 김정은의 연설에서는 물론 북한 당국이 남한 관련 담화·보도 등에서 '한국', '미·일·한'(한·미·일)의 표현을 사용하는 데서 더 나아가 남북관계를 '조한관계'로 지칭, 대한민국(약칭 한국)이 조선민주주의인민공화국(약칭 조선)과는 전혀 다른 나라임을 굳히고 각인시키는 작업이다.

북한의 '두 개의 국가' 접근은, 대내외적 압박 환경 속에서 '전략 국가'(핵국가)를 달성한 김정은 시대를 '우리 국가제일주의 시대'로 정당화하고, '김일성·김정일 조선제일주의'와 동일시하여 김정은 통치의 정통성을 높이고 합리화하는 체제·사상 담론 체계이자 김정은의 체제 방어적 국가·체제 운영 원리로 판단된다.

동시에 김일성·김정일에 이은 '민족'(우리 민족, 민족 대단결)을 활용한 통일전선 사업 기반의 대남 접근이 ① 남북 거래에서 실속있는 경제협력·투자 등 북한이 기대하는 경제 이익을 가져오지 않았고, ② 한국을 활용한 대미 접근 방식도 사실상 성과를 거두지 못했으며, ③ 정권 성격과 무관하게 역대 한국 정부의 통일 목표·기조는 변하지 않은 것(자유민주주의 체제하의 통일)으로 판단하고, ④ 총체적 남북한 국력 격차의 지속 확대와 남한 정보·사상·문화 유입으로 남북관계가 북한의 의도대로 통제·관리되지 않으면 북한 체제 위협 요인으로 가중 작용하고, ⑤ 핵보유(핵무력 완성의 '전략 국가' 달성)로 일정한 군사적 자신감과 국내외적 자긍심이 생김에 따라, ⑥ 김정은의 국력 강화를 위한 국가·체제 경영전략에서 정치사상강국, 군사강국에 이은 경제강국 달성을 위한 국가총동원 전략(신념, 주의)으로 어떤 측면에서는 김정은판 '선 건설, 후 통일' 방책으로 볼 수 있다. 동시에 대미·대외 관계 차원에서 ⑦ 유화/강경전략으로 미국과의 관계 개선을 추진해온 북한이 '신냉전 국제질서' 판단에 입각한 대미 강경전략으로 한반도 '현상 유지'(평화와 안정) 필요성에 대한 미국의 정세 판단에 영향을 미치고, ⑧ 북한의 두 후원세력인 중국·러시아와의 관계 강화를 통한 체제 안정성을 도모하기 위한 전략으로 평가할 수 있다. 요컨대, 김정은에게 '두 개의 국가론'은 신냉전의 국제환경 속에서 북한체제의 오랜 생존 방식인 자력갱생과 외부 위협(피포위의식) 환경 등을 활용하여 조선민주주의인민공화국을 '우리식(북한식) 사회주의 국가'로 지속시키기 위한 국가운영전략의 일환이다.

김정은은 선대의 '민족 기반 통일노선'과의 단절을 합리화하고, 북한 주민의 '우리 국가제일주의'에 대한 수용성을 높이며, 경제건설을 위한 전 국가적·사회적 총동원 환경조성을 하기 위한 책략으로 "조선(한)반도상의 적국 대한민국을 군사적 수단으로 '통일'(전 국토 완정)"하는 공산정권의 본질적 목표를 드러나게 내세웠다. 이러한 '두 개의 국가론' 전략은, '제1 적대국' '최대의 적' '주적' 대한민국을 조선민주주의인민공화국과 철저하게 분리하는 법적, 제도적 장치와 이른바 '남부국경'(휴전선을 포함 비무장지대 북측 지역)의 요새화와 같은 물리적 조치, '민족' 및 '통일'의 부정과 '절대불변의 주적관' 함양과 같은 전 인민에 대한 정치사상 교양의 강화 등과 함께 특히 "미국의 반공전초기지로 전락된" 대한민국을 기회가 오는 경우 무력으로 '점령, 평정, 수복하고 편입'하여 '전 국토를 완정'하기 위한 전쟁 수행능력의 강화로 나타나고 있다.

김정은 정권은 2025년 6월 출범한 한국의 새 정부가 남북관계 개선을 목적으로 취한 비무장지대 대북확성기 철거 등 일련의 '유화책'에 대해 "허망한 개꿈에 불과"하다면서 "한국과의 관계를 개선할 의지가 전혀 없다"라고 차갑게 대응했다. 특히 김정은은 2025년 9월 21일 한국과 북한은 수십 년 동안 "사실상 두 개 국가로 존재"해왔고 "가장 적대적인 두 국가"이며, 그의 정책은 이러한 "사실 그대로를 받아들인 것"으로 "완전히 상극인 두 실체의 통일"은 성립될 수 없으며 "결단코 통일은 불필요"하다며 '두 개의 국가' 주장에 쐐기를 박았다.[3] 김정은 정권의 '두 개의 국가' 전략은 우리가 경험해온 굴곡의 남북관계와는 완전히 단절되었음을 의미한다. 미국의 '대북 적대시 정책'에 대한 피포위의식과 자유민주주의 체제로의 '흡수통일'에 대한 강박관념에서 벗어나지 못하는 한 김정은 정권의 독자 생존 전략으로서 '두 개의 국가' 전략은 계속 유지될 것이다.

---

[3] "최고인민회의 제14기 제13차 회의 김정은 연설," 「조선중앙통신」, 2025.9.22.

III
동서독 사례와 북한의 국가성에 대한 국민 인식

1. 동서독 사례

　분단국 중 어느 일방이 '두 국가론'을 제기한 사례에는 통일 전 동독이 있다. 동서독과 남북한의 분단 원인과 양자 관계, 분단 이후의 국제관계와 국내정치적 현실 등에서 여러 차이가 존재한다. 동서독은 동독의 반체제 저항에 따른 베를린 장벽의 붕괴로 분단 40년 만에 통일의 기회를 맞았고, 2025년은 통일 35주년의 해다. 냉전의 절정기인 1970년 동독 및 동베를린을 방문한 서독 거주자의 수는 125만여 명에 달했으며, 같은 해 서독을 방문한 동독 연금수혜자의 수도 이미 100만 명을 넘었다. 동서독은 분단 시기에 이산가족 간 상호 방문하고 전화로 소식을 전하며 편지를 교환할 수 있었다. 올해로 각각의 정부 수립 80주년이 되는 남북한의 현실과는 너무나 차이가 있다.

　그러나 독일은 분단국 중 평화적 통일을 이룬 유일한 사례이며, 더욱이 사회주의 독재 계획경제체제 동독이 체제전환과 민주적 개혁을 하고 자유민주주의 시장경제체제 서독의 헌법 체제로의 통합을 선택, 평화적 통일을 이뤘다는 점에서 우리에게 시사하는 바가 크다.

동서독 관계에서 '두 개의 국가론'을 제기한 측은 동독이다.[4] 동독은 1957년 "독일 내 두 개의 국가의 승인을 목표"로 국가연합(confederation)안을 주장했으며, 1963년 사회주의통일당 전당대회에서 동서독의 상호 국가 승인, 현재의 국경선 인정, 동서독 간 통행의 자유 보장 등 7개 항을 발표했다. 이러한 동독의 '두 개 국가 승인' 정책은 1967년 2월 동독 시민이 서독과 다른 동독 국적을 갖는 국적법 제정에 이어, 1968년 헌법 개정으로 동서독을 각각의 국가로 인정함으로써 '두 개의 국가' 정책을 법제화했다.

서독은 동독의 주장을 분단 고착화로 거부했다. 그러나 동독은 1972년 12월 21일 체결된 동서독 기본조약(독일연방공화국과 독일민주공화국 관계의 기초에 관한 조약)을 '두 개의 국가'를 인정하는 조약으로 보고, 1973년 9월 26일 동서독의 유엔 동시가입을 국제법적으로 별개의 국가가 승인된 것으로 해석했다. 동독은 1974년 10월 7일 헌법 개정을 통해 기존 헌법의 통일 노력 의무 조항을 삭제했다. 그리고 당시 동독의 국가평의회 주석이자 사회주의통일당 서기장 호네커(Erich Ernst Paul Honecker)는 '2개 민족론(Zwei-Nationsthese)'에 기반 "두 개의 국가만이 아니라 서로 다른 2개의 민족이 탄생"했다고 주장했으며, 동독은 통일정책이 없게 되었다.

분단 초기부터 '두 개의 국가' 정책을 추진한 동독과는 달리 북한은 오랫동안 '하나의 조선', '조국통일 과업' 수행을 내세우며 무력통일 목표와 더불어 통일전선 사업 차원의 '평화적 통일'도 주장해왔다. 그러나 2023년 김정은이 이를 버리고 공식적으로 '두 개의 국가론'을 주장하며

---

[4] 이하 동서독 사례(특수관계)에 대한 법적 해석은 법무부 연구자료, 심재철, 『동서독 교류협력 법제 연구』(과천: 법무부, 2008)의 관련 부분(pp. 77~101)에서 인용·요약·정리한 것이며, 필자의 의견을 덧붙였다.

남북한의 한민족이 동족이 아님을 선언하고, 북한의 관할 영토와 국경, 통일 삭제 등 관련 헌법·법률적 조치를 하고 대한민국을 타국(외국)으로 대하는 일련의 과정은 동독이 취한 행동과 유사하다.

서독은 통일을 달성할 때까지 분단된 두 독일(동·서독)을 공식적으로 두 개 국가로 보지 않았으며 양자 관계를 '특수관계'로 보았다. 동서독 특수관계의 핵심은 '독일제국(Deutsche Reich)' 또는 '전체로서의 독일(Deutschland als Ganzes)'[5]이 법적으로 계속 존속하며, 따라서 서독과 동독의 관계는 외국(Ausland)간의 관계가 아니라는 것이다. 서독의 기본법(헌법) 제23조는 '전체로서의 독일(Deutschland)' 개념을 사용하고, 이 독일 지역을 서독 기본법의 효력이 미치는 독일 지역과 다른 부분의 독일 지역(In anderen Teilen Deutschlands)으로 구별했다. 나치 패망 이후 미국, 영국, 프랑스, 소련 등 승전국들이 체결한 조약에서도 독일제국을 독일(Deutschland) 또는 전체로서 독일(Deutschland als Ganzes)로 표현했다.

법적으로 존재하는 독일제국 내에 서독과 동독의 두 실체가 존재했다. 이 두 독일 즉 서독과 동독의 법적 지위는 기본법에서 명확하지 않았다. 크게 두 가지 학설이 있었는데, 첫째, 동일설(Identitätstheorie)은 서독을 독일제국과 동일하다고 보는 견해로, 동독은 서독의 일부 지역이며 국가가 아니다. 할슈타인(Die Halstein-Doktrin) 원칙[6]은 이 입장을 대변했다. 동독은 "사실상 권력"이며 독일제국의 지역으로 아직 국가성(Staatslichkeit)이 굳혀지지 않았다. 둘째, 지붕설(Dachtheorie) 또는 부

---

[5] 1938년 3월 나치가 오스트리아 합병을 시작으로 영토 팽창을 했기 때문에 1937년 12월 31일 당시의 독일제국 영토를 기준으로 함.
[6] 1955년 9월 서독 외무차관 발터 할슈타인(Walter Hallstein)이 제안한 원칙으로 서독이 동독을 인정하지 않고, 동독을 국가로 승인한 국가와는 외교 관계를 맺지 않는다는 원칙을 말한다.

분국가설(Teil-staatslehre)은 독일 지역에 '전체로서의 독일제국(지붕)'과 '두 개의 부분국가(서독과 동독)'가 존재한다는 견해다. 따라서 통일·외교 측면에서 동독은 독일제국 내 존재하는 하나의 국가이며, 국제법상 국가로서의 외교 주체가 될 수 있다. 1969년 10월 취임한 브란트(Willy Brandt) 총리의 동방정책(Ostpolitik)으로 인한 할슈타인 원칙의 사실상 폐기는 이런 견해를 대변한다.

서독이 동방정책을 추진한 이후 동독의 국가성에 대한 인식이 바뀌었다. 1972년 12월 21일 체결된 동서독 기본조약(독일연방공화국과 독일민주공화국 관계의 기초에 관한 조약, Grundlagenvertrag)이 서독의 변화한 생각을 보여준다.

동서독 기본조약은 국제법상의 조약(Vertrag)이다. 전문에 두 독일의 정식 국호와 "양 독일 국가"라는 표현을 사용했다. 주요 내용에는, 제1조 '호혜 평등 기초 위에서 선린관계 발전', 제2조 '유엔헌장에 규정된 목적과 원칙' 준수, 제3조 '경계의 불가침 확인'과 '그들 영토의 완전성에 대한 무제한의 존중 의무', 제4조 '양국의 어느 쪽도 다른 쪽을 국제적으로 대표하거나 다른 쪽의 이름으로 행동할 수 없음', 제6조 '양국의 고권(통치권)이 각자의 영토 내에서만 유효' 등이 있다. 동서독 간의 경계 불가침과 영토의 무제한 존중, 내정 불간섭, 서독의 독일제국 단독대표권 포기 등 동독의 국가성을 인정하는 내용이 담겨있다. 서독이 법률상(de jure)으로는 아니지만 사실상(de facto) 동독의 국가성을 법적으로 인정한 의미로 해석할 수 있다. 그러나 서독은 전 독일의 통일이라는 서독의 목표를 버리지 않았다. 기본조약에 부수된 서한에서 서독은 "독일민족의 자유로운 자결로 국가통일을 달성하려는 서독의 정치적 목표에 본 조약이 모순되지 않는다"라고 통고하여 통일의 의지를 밝혔다.

기본조약과 부속의정서, 서한 등을 포함한 기본조약 비준동의 법률이

기본법과 합치되지 않으며, 따라서 무효화해야 한다는 문제 제기가 있었다. 바이에른 주정부는 기본조약이 "동등한 권한을 갖는 독립적인 2개의 국가를 인정하고 서로의 존속을 보장하여 독일의 분할로 이어진다"라며 서독 기본법의 (재)통일 관련 규정에 위배 되고 동독을 국제법적 주체로 인정함으로써 독일의 분단을 고착화한다는 등의 논거로 1973년 5월 연방 헌법재판소에 위헌소송을 제기하였다.

이에 대해 1973년 7월 31일 서독 헌법재판소는 전체로서 독일제국이 계속 존속하며 동서독 관계는 외국 간의 관계가 아니지만, 전체로서 독일제국은 국가기관이 결여하므로 행위능력이 없을 뿐이라고 판결했다. 서독이 전체로서 독일제국과 동일한 가의 문제에 대해서 서독은 독일제국과 부분적으로만 동일하다고 판시했으며 동시에 서독의 독일제국 영토와 전체 독일인에 대한 책임을 강조했다. 서독이 전체로서 독일, 즉 독일제국과 "부분적으로 동일"하다는 판결은 할슈타인 원칙의 폐기를 의미했다. 하지만 "재통일은 헌법적 요청"이며 "어떤 헌법기관도 국가적 통일의 재건을 포기해서는 안 되며 모든 헌법기관은 이러한 목표 달성을 위한 의무를 지고 재통일을 좌절시킬 행동을 하지 않아야 한다"라고 판시함으로써 서독의 전체 독일제국 통일에 대한 의무를 강조했다.

서독 헌법재판소는 동독의 국가성과 관련 "두 개의 국가 모델"이 기본법 질서와 양립될 수 있다고 보았다. 즉 동독의 국가성(Staatslichkeit)을 인정한 기본조약을 합헌으로 판결했다. 양독 간의 관계는 "가깝고도 특수한 관계로 포기할 수 없는 법적 지위를 부여받은 관계"라고 규정했다. "동독은 국제법상으로는 국가인 동시에 국제법적 주체이기는 하나, 서독은 이를 국제법상으로 승인하지 않는다" 동시에 "기본조약은 양독 관계의 특수한 성격을 실질적으로 인정하는 것으로 간주할 수 있다"라고 판결했다. 기본조약은 형식적으로는 국제법상의 조약, 내용상으로는 내독 관계를 규정짓는 이중성격의 조약으로 평가했다. 또한, "기본조약이 평화보장과 분단 고통 완화라는 인도적 측면에서 전 민족의 이해를 고려하고 있으므로 기본법 전문에 규정된 재통일 명제에 어긋나는 것은 아니며, 본 조약에도 불구하고 독일민족의 단일성과 단일 독일 국적은 고수되며, 동독은 국제법상으로 인정되지 않으므로" 합헌이라고 보았다.

서독은 영토고권을 기본법의 효력 범위 내에 국한하나 전체 독일에 대한 책임을 갖고, 이에 따라 전체 독일인에 대한 보호, 전체 독일제국 영토를 포괄하는 조직의 구성으로 표현될 수 있는 통일에 대한 의무를 강조했다. 동독은 독일제국(독일영토) 내에 존재하는 국가로서 외국은 아니지만, 외국에 준하는 지위, 즉 동독의 국가성을 인정받은 것이다. 이에 따라 통일외교 측면에서 동서독의 유엔 동시 가입, 동독의 서방권과의 외교관계가 가능해졌다. 하지만 서독은 '사실상'의 1민족 2국가를 인정하면서도 동독에 대한 국제법적 국가 승인은 거부했다. 서독은 통일에 대비해서 민족의 단일성 유지가 향후 통일을 위한 최선의 수단으로 인식했다.

요컨대, 서독은 ① 국제법 조약인 기본조약으로 동서독 관계를 규정하고, ② '독일영토' 내 '두 개의 부분국가'가 존재하는 것으로 동독의 국가성을 인정했으며, ③ 동독의 국제법상 국가 및 국제법 주체를 인정하면서도 국내적으로 국제법적 승인은 거부하고, 국제법상 조약으로 '양독 관계의 특수성을 인정'(헌법재판소)했다. 그리고, ④ 통일(재통일) 명제를 유지하며 영토고권을 기본법의 효력 범위 내 국한하였고, 동시에 ⑤ 전체 독일에 대한 책임을 갖고 전체 독일인에 대해 보호(국적법 등 관련 법·제도) 조치를 취했으며, ⑥ 양독 관계는 법적·정치적으로 '내독 관계'이지만 동독을 '사실상 국가'로 대우(국제법을 준용해 동서독 관계를 규율하는 각종 법률·제도를 마련·운용)하였다. 다시 말해, 서독은 기본법(헌법)

의 재통일(통일) 비전과 정신을 견지하면서도 헌법 조항에 통일 이전 영토고권의 실효 범위를 한정하고, 동독을 '사실상 국가'로 대우하며 법적·제도적 기반 위에서 동독 체제의 변화를 견인하는 양독 관계를 운용하는 정책을 추진하였다.

서독은 기본법에서 통일방식과 관련, ① 동독의 서독연방 가입 방식(제23조)과 ② 새로운 헌법, 즉 통일헌법 제정 방식(제146조)을 규정하였다. 제23조는 "기본법의 효력은 다른 부분의 독일 지역(동독지역을 의미)에 대하여는 그들의 가입(Beitritt)으로 효력이 발생한다."라고 규정했으며, 제146조는 "이 기본법은 독일민족의 자유로운 결정으로 이루어진 헌법이 발효하는 날에 그 효력을 상실한다."라고 규정했다.

1989년 11월 9일 동독 시민들의 대규모 탈출과 시위로 베를린 장벽이 무너진 후, 동독 내에서 민주화 과정이 진행되고 1990년 3월 18일 동독 최초의 자유민주 총선거로 비공산주의 정권이 수립되었다. 이 민주정권은 동독의 주를 서독 헌법 23조에 따라 서독(독일연방공화국)에 가입하는 선택을 하였으며, 이로써 1990년 10월 3일 독일은 (재)통일을 이루었다.

2. 북한의 국가성에 대한 국민 인식

남북한은 남북기본합의서에서 쌍방 사이의 관계를 "나라와 나라 사이의 관계가 아닌 통일을 지향하는 과정에서 잠정적으로 형성되는 특수관계"로 합의했다. 2023년 12월 김정은이 공식적으로 '적대적 두 국가 관계'를 선언할 때까지 남북한 당국 어느 쪽도 '두 개의 국가'를 거론하지 않았다. 최근 북한 당국이 대한민국 또는 한국이라는 명칭을 사용하고 있으나 북한이 대한민국을 공식적으로 승인한다는 의미인지는 분명하지 않다. 한국은 법적, 제도적으로 조선민주주의인민공화국을 국가로 공식 승인하지 않는 입장을 견지하고 있다.

그러나 우리 사회에서 학술·정책적으로는 이미 10여 년 전부터 남북한 관계를 남북한 각각 유엔 회원국으로서 "국가와 국가 간의 특수관계"로 새롭게 규정하자는 의견이 제안되었다. 이러한 규정이 "대한민국 헌법(제3조 영토조항)과 현실(남북 분단)의 모순적 충돌이 아니라 오히려 헌법(제4조 평화통일 조항)과 현실(남북 분단)의 창조적 공존의 문을 여는 것"이라는 주장이다.[7]

분단 80년의 상황에서도 대립·갈등의 남북관계, 미·중 전략 경쟁 격화와 신냉전의 강대국 국제질서 등장, 남북한 각각의 정치·경제적 발전과 사회 변동의 현실 및 국제적 위상의 격차, 4차 산업화의 시대적 변화 등등 제 요인들은 통일에 대한 새로운 비전·대안·경로를 요구한다. 특히 세대의 격동적 변화 상황 속에서 국민 여론에 대한 진지하고 냉정한 반영이 필요하다. 사실 민주화 이후 역대 한국 정부는 현실 정책과는 무관하게 '국민 합의'라는 이름으로 여론을 대북정책의 주요 정책 기조로 삼아 왔다. 대북·통일정책을 정권·정략적 차원이 아닌 국가적 차원의 헌법 목표, 장기 과제라고 생각한다면 국민의 냉정한 여론을 정책에 실질적으로 반영해야 한다.

대한민국의 헌법은 평화적 통일의 사명과 통일 지향을 규정하고 있다. 또 대통령은 평화적 통일을 위한 성실한 의무를 진다. 바로 통일은 우리의 국가목표다. 우리 국민은 교육 과정에서 통일의 필요성에 대해 배운다. 그런데 분단의 장기화와 일상성은 통일의 필요성에 대한 국민의

---

[7] 한반도포럼, 『남북관계 3.0: 한반도 평화협력프로세스』 (서울: 중앙일보 통일문화연구소, 2012), p. 44.

의식을 서서히 변화시키고 있다. 2014년에서 2024년에 걸친 통일의 필요성에 대한 국민 인식의 변화 추세를 보면 〈표 1〉과 같다.

표 1 ― 통일의 필요성에 대한 인식 변화 추세: 2014~2024

(단위: %)

	2014	2015	2016	2017	2018	2019	2020	2021	2022	2023	2024
KINU	69.3	68.5	62.1	57.8	70.7	64.6	60.2	58.7	53.4	53.9	52.9
IPUS	55.9	51.0	53.3	53.8	59.7	53.0	52.3	44.3	46.0	43.8	36.9

* 통일연구원(KINU), 『KINU 통일의식조사 2024』 (2024), p. 42 〈그림 Ⅱ-1〉 '통일의 필요성에 대한 여론의 변화: 2014~2024'와 서울대학교 통일평화연구원(SNU IPUS), 『2024 통일의식조사』 (2024), p. 32 〈표 1-1-2〉 '통일의 필요성에 대한 인식(2007~2024)'을 활용하여 재정리함.
** KINU는 응답(필요/불필요) 중 필요, SNU IPUS는 응답(필요/반반/불필요) 중 필요의 비중.

〈표 1〉에서 알 수 있듯이 우리 국민 전체로 볼 때 점차 통일의 필요성에 대하여 '필요하다'보다는 '필요하지 않다(불필요하다)'는 방향으로 인식이 변하고 있다. 특히 서울대학교 통일평화연구원의 조사에서는 2020년대에 들어 통일의 필요성에 대한 부정적인 인식이 급격하게 증가하고 있는 것으로 나타났다.

통일의 필요성에 대한 인식은 세대 간에 분명한 차이가 드러나고 있다. 〈표 2〉에서 볼 수 있듯이 2014~2024년까지 수집된 KINU 통일의식조사의 자료를 세대 기준으로 횡단면 분석한 결과, '전쟁세대'가 통일의 필요성에 대해 가장 높은 비율로 그 필요성을 긍정해 통일에 적극적인 태도를 보인 반면에 최근 세대로 향할수록 통일의 필요성에 대한 긍정적인 답변이 낮아지고 있다. 특히 '밀레니얼세대'는 통일의 필요성에 대해 긍정적인 답변이 과반에도 미치지 못하고 있다. 이러한 경향은 시간이 흐를수록 자연스러운 현상으로 나타날 것으로 예상하며 김정은 정권의 '적대적 두 국가론'은 향후 젊은 세대에 더 부정적인 방향으로 영향을 미칠 것으로 보인다.

표 2 — 통일 필요성에 대한 인식의 코호트별 비교: 횡단면 분석 (2014~2024)

(단위: %)

	전쟁세대	산업화세대	386세대	X세대	IMF세대	밀레니얼세대
필요함	73.6	69.5	65.4	61.8	52.8	46.5
필요없음	26.4	30.5	34.6	38.2	47.2	53.5

* 통일연구원(KINU), 『KINU 통일의식조사 2024』 (2024), p. 45 〈그림 Ⅱ-3〉 '통일 필요성 인식의 코호트별 비교: 횡단면 분석 (2014~2024)'의 도표.

　전통적으로 상당수의 우리 국민은 남북한이 같은 한민족이므로 통일을 이루어야 한다고 생각하는 것으로 인식되었다. 남북한이 다른 이념과 체제 아래 다른 발전의 길을 선택하고 그 기간이 장기화하면서 남북한 간 이질성이 심화하고 있다. 북한은 '우리민족끼리'를 통일전선 차원에서 활용하면서 '사회주의민족', '김일성민족' 운운하며 남한과는 다른 '민족'을 강조해왔는데, 남한은 "동족이 아닌 철저한 타국"이라는 김정은의 발언은 북한이 남한과는 다른 '민족'의 국가임을 선언하는 행위다. 우리의 공식 통일방안인 '민족공동체 통일방안'의 토대는 남북한의 민족이 같은 한민족이라는 점이다.

　그러나 우리 사회에서도 점차 같은 민족, 한민족이기 때문에 하나의 국가로 통일해야 한다는 인식에 변화가 발생하고 있다. 〈표 3〉은 대한민국 사회에서 민족주의에 기반한 통일관의 변화 추세를 보여준다. 통일연구원의 조사에서 "남북이 한민족이라고 해서 반드시 하나의 국가를 이룰 필요는 없다"라는 문항에 대한 동의 여부로 "탈민족주의적 통일관"(동의) 또는 "민족주의적 통일관"(부정)으로 조작 정의하여 조사한 결과는 시간이 흐를수록 '탈민족주의적 통일관'이 많이 증가하는 반면에 '민족주의적 통일관'은 감소하며, 그 차이는 점차 벌어지는 추세를 보여주고 있다.

표 3 — 탈민족주의적 통일관의 증가 추세: 2017~2024

(단위: %)

	2017	2018	2019	2020	2021	2022	2023	2024
탈민족주의	35.7	36.8	41.4	46.9	48.8	48.1	50.6	52.1
민족주의	32.8	34.2	26.7	25.5	23.0	22.8	23.9	23.9

* 통일연구원(KINU), 『KINU 통일의식조사 2024』 (2024), p. 53 〈그림 Ⅱ-8〉 '탈민족주의적 통일관의 확산: 2017~2024'의 도표.

** 문항에 대한 동의 여부는 5점 척도 (1=전혀 동의하지 않음, 2=별로 동의하지 않음, 3=보통임, 4=다소 동의함, 5=매우 동의함)로 측정함.

'민족공동체 통일방안'의 기본 인식은 물론 역대 정부의 대북·통일정책에서도 화해협력과 평화공존이 강조되었다. 사실 남북한 간 평화공존의 상태가 이루어지지 않은 상태에서 평화적 통일의 길로 향하기는 어려울 것이다. 그러나 평화공존이 반드시 평화통일의 길을 보장하지는 않는다. 북핵의 상시적 위협 속에 살게 된 상황에서 무엇보다 필요한 일은 위협 억제와 전쟁 예방, 나아가 평화공존 상태의 실현일 것이다. 〈표 4〉는 우리 국민이 당장 실현이 어려운 통일보다는 우선 평화공존을 바라는 마음을 보여주고 있다. 추세적으로 평화공존을 통일보다 선호하는 인식이 압도적이다.

표 4 — '평화공존선호'와 '통일선호' 변화 추세: 2016~2024

(단위: %)

	2016	2017	2018	2019	2020	2021	2022	2023	2024
평화공존선호	43.1	46.0	48.6	49.5	54.9	56.5	56.9	59.5	57.7
통일선호	37.3	31.7	32.4	28.8	26.3	25.4	20.6	22.5	25.6

* 통일연구원(KINU), 『KINU 통일의식조사 2024』 (2024), p. 46 〈그림 Ⅱ-4〉 '통일선호와 평화공존선호: 2016~2024'의 도표.

** "남북한이 전쟁없이 평화적으로 공존할 수 있다면 통일은 필요없다"라는 진술에 대한 동의 여부로 '평화공존선호'(동의), '통일선호'(부정)로 조작 정의.

남북한은 1991년 9월 동시에 유엔 회원국으로 가입했다. 이로써 국제법적으로 남북한은 별개의 독립·주권국가임이 확인되었다. 남북한의 국제적 위상 격차와는 별도로 한반도의 정통성을 두고 과거 국제사회에 대해 벌인 경쟁을 무의미하게 한다.

　　동서독 기본조약으로 동독은 서독과는 별개의 국가라는 기존의 법적·제도적 정책을 더욱 굳혔으나 서독은 동독의 '국가성'('국제행위 주체로서의 사실상의 국가')을 인정하되 국내적으로 국제법상의 국가로 인정하지는 않았다. 남북한은 서로를 국가로 인정하지 않아 왔으나, 김정은 정권은 '적대적 두 국가관계' 선언 이후 남한을 '타국'으로 언급하고 있다. 2024년 10월에는 사회주의헌법에 "대한민국은 철저한 적대국가"라고 규제했음이 밝혀졌다. 〈표 5〉에서 우리의 헌법·법률과는 별개로 북한의 국가성에 대한 우리 국민의 인식은 어떠한지를 살펴볼 수 있다. 서울대학교 통일평화연구원의 조사에 따르면, 우리 국민의 과반수가 "북한도 하나의 국가"라고 인식하고 있는 반면에 국가가 아니라는 견해는 10% 내외로 매우 낮은 상태이다.

표 5 ― '북한의 '국가성'에 대한 국민 인식 변화 추세: 2018~2024

(단위: %)

	2018	2019	2020	2021	2022	2023	2024
그렇다	58.8	61.2	65.3	52.9	56.4	50.1	52.1
아니다	8.1	9.2	8.0	13.0	9.3	15.4	11.3

* 서울대학교 통일평화연구원(SNU IPUS), 『(각년도) 통일의식조사』 (각년도) 통계수치를 찾아 재정리함.
** '북한의 국가성' 인식 조사는 "북한도 하나의 국가다"라는 문항에 대한 '그렇다', '아니다', '반반' 응답의 비율로 여기에서는 '반반' 응답 비율은 제외.

Ⅳ
한국의 대응 방안

　분단 초기부터 '두 개의 국가' 정책을 취하고 통일을 헌법에서 삭제한 동독의 정책과는 달리 서독은 동방정책 추진 이후 1972년 동서독 기본조약을 통해 동독의 국가성을 인정하면서도 국제법상 동독 승인을 거부하면서 통일을 민족 과제로 추진하였고 통일을 달성했다. 동독과의 교류협력은 기본조약과 이어진 법적·제도적 장치를 통해 '내독 관계'이지만 사실상 '국가 간의 관계'였으며 쌍방 간 거래는 어느 일방에 의한 방식이 아니라 유엔 회원국으로서 그 원칙과 정신, 국제법과 규범 및 관행을 따랐다. 서독은 이를 위해 국제법·규범·관행을 준용하는 국내법과 제도를 마련했다.

　북방정책 추진 이후 지난 30년 이상의 남북관계가 실패로 귀결된 핵심 원인은 한마디로 이러한 보편적, 일반적 원칙에 따르지 않았기 때문이다. 남북관계의 부침을 겪고 세대가 바뀌면서 한국 사회의 북한이나 통일에 대한 인식 등에서 많은 변화가 발생했다. 자유민주주의 국가 대한민국의 대북·통일정책의 핵심 기반은 바로 국민의 여론이다. 김정은 정권의 '적대적 두 국가론'에 대한 평가, 동서독 사례 검토, 한국 사회의 변화와 국민의 통일의식, 강대국 국제정치가 재등장한 국제질서, 지속 가능한 장기 통일전략 마련의 필요성 등 제 요인을 고려하여 필자는 다음의 정책 제안을 하고자 한다.

첫째, 필자는 김정은 정권의 '두 개의 국가론' 선언은 기본적으로 김정은의 ① 체제 방어(공존)전략이자 ② 국가 유지 및 발전전략이며, ③ 이데올로기적으로 북한의 당/국가/체제 존립의 근거인 공산화 완성의 무력통일 전략으로, ④ 김일성 시대부터 내려오는 통일전선 기반 대남·통일전략의 일시적 후퇴로 평가·판단한다. 통일부, 국정원 등 관련 기관의 자기 기관 중심적이고 산발적인 평가가 아닌 정책 전문집단·기관의 합동·종합적인 냉정한 평가·판단이 우선 필요하다. 김정은 정권의 정책·전략 선택에 대한 객관적이고 엄밀한 분석·평가 없는 정책대안은 상대측 북한에 대한 공허한 메아리로 끝날 뿐이다.

그런데 이 과정에서 무엇보다 중요한 일은 정권의 권력 유지 및 정책목적 차원의 선호와 지향을 철저하게 배제해야 한다는 점이다. 마찬가지로 정치권, 통일·북한 관련 전문가·시민단체 등의 이념, 지역, 정치 선호와 지향, 권력 쟁취를 위한 정쟁 수단으로써의 판단도 배제해야 한다. 특히 북한 비핵화 실패 30년의 대북 포용정책에 대한 반성·평가를 선행해야 한다.

둘째, 남북한은 유엔 회원국 가입 이전부터 특히 가입 이후에는 각각 독립·주권적 행위 주체로서 국제법·국제정치 현실과 국제사회에서 별개의 국가로서 행동·행위를 해온 관행을 인정할 필요가 있다. 통일과 이러한 국제적 현실은 별개의 문제다.

한국은 북한의 최후 우방국들인 시리아(2025), 쿠바(2024)와 수교함으로써 2025년 7월 현재 총 194개국과 외교 관계를 수립했다. 북한도 한국에 비교해 수는 적으나 159개국과 수교 관계에 있다. 북한은 유엔 안보리 상임이사국 중 미국, 프랑스, 그리고 한반도 문제 주요 이해국가인 일본과 미수교 상태이다. 노태우 정부의 북방정책과 한국 정부의 공식 통일방안인 '민족공동체 통일방안'의 기본 정신은 미·일·중·러 4개국의 남북한 교차 승인으로 한반도를 안정화하고 그 기반 위에서 남북관계 개선과 통일을 향한 여건을 조성하는 것이다.

그러나 북한이 전체주의 독재와 사회주의 경제체제에서 변하지 않는 한 남북관계의 실질적인 개선을 이루기 어렵다. 지난 30년의 남북관계가 이를 증명한다. 요컨대 북한이 국제사회의 '정상적' 행위자가 되어야, 즉 북한체제가 변해야 안정된 상태에서 남북한 간 상호적 화해도, 교류협력도 가능하고 그 기반 위에서 평화공존과 평화통일의 길이 열릴 수 있다. 북한이 국제사회의 정상적 일원이 되고 체제 개방·개혁을 하며 점차 자유화·민주화로 이행하도록 환경 여건을 조성하는 작업의 한 과정이 소위 '적대국'과의 관계 개선이다. 북핵 문제가 4개국 교차 승인 완성의 본질적 장애 요소이지만, 북한이 요구하는 안전보장 문제, 북핵 문제 해결과 연관하여 교차 승인 완성 지원 외교 등 과감한 정책 혁신 구상이 필요하다.

셋째, 북한의 '적대적 두 국가론'은 무엇보다도 체제 방어·옹호 전략의 성격이 강하므로 이를 중장기 대북전략·통일정책에 적극적으로 반영해야 할 것이다. 한민족을 '김일성 민족'('사회주의 민족')과 '남한 민족'으로 구분하고 동질적이지 않다는 북한의 주장은 장구한 한민족 역사의 관점에서 반민족적임이 분명하다. 반민족적이라는 비난과 여론 환기는 국내외적 홍보 전략에 유용할 수도 있다. 그러나 정책·전략적으로는 정치적·이념적·감정(정서)적 접근을 자제하고 이러한 북한의 방어전략을 우리의 통일을 향한 정책과 전략에 적극적으로 활용해야 할 것이다. 북한 핵·미사일로 인한 군사·안보적 위협이 지속할 것이지만, 우리의 총체적인 국력, 국가 위상과 국제적 영향력의 우위를 통일 의지의 지속과 통일외교 등에 의연하게 활용해야 한다. 동독의 사례처럼 북한이 '두 국가론'으로 무력통일 이외의 평화적 방식의 통일을 포기했지만, 한국은 서독이 전체 독일에 대한 책임을 강조했던 것처럼 전체 한반도에 대한 책임 인식과 의지를 갖고 전체 한국인(한국인+북한 주민)에 대한 보호 접근의 정책을 추진해야 할 것이다. 이를 위해 각종 법, 제도, 관행 등을 정비해야 한다.

넷째, 분단 80년이 지나고 있는 현실에서 전쟁세대, 산업화세대, 386세대는 미래 통일의 주역 세대가 아님을 인정·자각하고, 미래의 통일 주역 세대가 정책을 주도할 수 있도록 자유민주체제 하 그들의 대한민국관, 정체성, 통일관을 반영하는 대북·통일정책을 구상·추진해야 한다.

통일연구원, 서울대학교 통일평화연구원의 국민 통일의식조사가 보여주듯이, 한국인의 국가 정체성은 "혈연적 특성보다 대한민국이라는 정치적, 시민적 의미의 정체성이 강화"되어 왔다.[8] 우리 국민의 대다수는 북한을 남한과는 다른 별도의 국가로 인식하고 있다. 더욱이 한국 사회의 인구 구성은 변하고 있다. 저출산·초고령화 사회로의 변화와 함께 우리 사회는 다문화·다민족 사회로 진화하고 있다.[9] 이제 민족공동체의 '민족'은 혈통적 한민족에 한정되지 않는다. 이러한 변화는 한국인의 대한민국 국가 정체성과 함께 새로운 '민족정체성'의 정립을 요구한다고 하겠다.

북한은 '두 개의 국가' 정책을 선택했지만, 대한민국은 하나의 통일국가 한국(韓國, 한민족의 국가)을 달성하기 위한 통일 목표와 의지를 견지하면서 북한의 '국가성'을 인정하여 새로운 대북·통일정책을 강구·추진

---

[8] 동아시아연구원·중앙일보 공동조사(2005~2020)에서 "남한과 북한이 분리된 별도의 독립 국가"라는 인식이 2005년 79%에서 2020년 90%에 달했다. 같은 기간 "남한만이 우리의 영토"라는 인식은 26.3%에서 62.1%로 증가했다. 강원택, "한국인의 국가 정체성과 민족정체성: 15년의 변화," EAI 워킹페이퍼, 2020, pp. 1-21.

[9] 2023년 기준 다문화가구는 415,584가구, 다문화 인구는 1,191,768명이다. 통계청 국가통계포털.

하는 것이다. 하나의 방안으로 사실상 사문화된 '남북기본합의서'를 대체하는 '남북기본조약'의 체결을 추진해 남북관계를 새롭게 정립하고 정상적인 관계를 만들어나간다. 남북한이 유엔 회원국으로서 상호 국가성을 인정하고 유엔의 원칙과 정신에 입각한 정상적인 선린관계의 남북기본조약 체제를 창출하는 것이다.

다섯째, 단·중기적으로 미국의 '힘을 통한 평화'와 북한의 '힘을 통한 평화' 간의 대립 구조 속에서 한국은 신중한 정책 구상·추진이 필요하며, 섣부른 유화정책은 큰 의미나 성과를 거두기 어려울 것이다. 권위주의·독재·전체주의 정권과 그러한 정권의 공세와 공격적 행위에 대한 양보는 또 다른 양보를 강제토록 하는 결과를 가져올 가능성이 매우 크다. 제2차 세계대전 발발 직전 히틀러에 대한 영국 총리 체임벌린(Neville Chamberlain)의 유화정책 실패 역사가 대표적 사례이며, 남북관계사에서도 북한의 일방적인 요구나 행위를 관용한 많은 사례가 있다.

여섯째, 대한민국 헌법 전문의 "평화적 통일의 사명" 국가목표를 유지하면서 제3조 "대한민국의 영토는 한반도와 그 부속도서로 한다."와 제4조 "대한민국은 통일을 지향하며, 자유민주적 기본질서에 입각한 평화적 통일정책을 수립하고 이를 추진한다."는 상호 모순이 아니라는 기본 입장을 분명하게 정립·선언한다. 이러한 기본 입장 위에서 북한의 '국가성'을 사실상 인정할 수 있을 것이다. 향후 대한민국 헌법 개정 시 서독의 사례를 원용, 통일 시까지 영토고권을 대한민국 헌법의 영향이 미치는 대한민국 지역에 한정하는 조항을 설치하는 방법도 있다. 북한 당국의 '대한민국', '한국' 호칭 사용과 연관하여 '조선민주주의인민공화국', '조선(인공)'으로 호칭할 것을 고려한다. 다만, 남북관계 차원에서 남한, 북한, 남한과 북한, 남과 북 등의 기존 관례에 따른 용어들은 계속 사용할 수 있을 것이다.

일곱째, 북한의 '적대적 두 국가론'에 대해 한국은 북한을 국제법상의 국가로 인정하지 않으면서 동시에 유엔 회원국으로서의 '국가성'을 인정하여 '통일 시까지 평화공존 두 국가론' 또는 '통일 시까지 잠정적 국가 간 특수관계'의 전략 구상을 정립할 필요가 있다. 물론 한반도상의 남한과 북한 간 거래 관계는 유엔 회원국으로서의 원칙과 정신, 국제법과 국제규범 및 관행을 따르되 '민족 내부 거래 관계'라는 입장을 계속 유지한다. 이러한 전략 구상 아래 현 남북관계의 현실을 고려하여 3단계의 통일정책 구상(1단계/단기: 적대관계 완화와 정상적 관계 정립, 2단계/중기: 평화공존 체제 달성, 3단계/장기: 통일국가 완성)을 할 수 있을 것이다.

여덟째, 남북기본조약 체결을 통한 '통일 시까지 잠정적 국가 간 특수관계'의 정립을 위해서는 국내적인 헌법·법률적, 제도적 장치를 갖추어야 한다. 대한민국 헌법 전문의 "평화적 통일의 사명" 정신·비전에 따라 통일은 국가 비전이자 국가목표로서 한민족의 연속성을 유지한다. 법적으로는 서독의 사례를 원용하여 전 한반도의 평화적 통일을 전제로 한 잠정적이고 평화적인 '전체 한반도상 2개의 부분국가가 존재'한다는 논리(학설·판례 등)를 상정할 수 있다. 이미 지적했지만, 북한은 유엔 회원국으로 국제법상 국가인 동시에 국제법적 주체다. 그러나 대한민국이 국내적으로 조선민주주의인민공화국(북한)을 국제법상으로 승인하는 것은 아니며, 두 (부분)국가의 관계는 '한반도 내부의 특수관계'이다.

대한민국의 공식 통일방안인 '민족공동체 통일방안'에서 남한과 북한 간 관계를 "나라와 나라 사이의 관계가 아닌 통일을 이루기까지의 잠정적 특수관계"로 규정했다. 이를 토대로 하되 남한과 북한이 각각 유엔의 회원국으로서 국제법상 독립·주권국인 현실을 수용하여 북한의 '국가성'을 (묵시적 또는 사실상으로) 인정하여 남한과 북한의 관계를 '통일을 이루기까지의 잠정적인 두 국가 관계'로 상정, 장기 통일전략을 추진하는 것이다. '잠정적이고 평화적인 두 국가 관계', 즉 '평화공존의 관계'를 달성하기 위해 앞서 제안한 '대한민국과 조선민주주의인민공화국의 상호관계에 관한 기본조약'(약칭 '남북한 기본조약') 체결을 추진한다. 요컨대, 대한민국은 조선민주주의인민공화국의 '국가성'을 인정하면서도 국제법적으로 승인하지 않고 남북한 관계를 '내부 관계'로 보지만, 국제법상 조약인 '남북한 기본조약'을 체결함으로써 남북한 관계의 특수성을 인정(헌법재판소의 판결·판례가 필요)하는 것이다.

03

'한반도 신냉전' 정세 평가와 이재명 정부를 위한 한반도 비핵평화 전략 제안

― 대북정책 추진 3개 원칙과 5개 전략과제 ―

전 봉 근

국립외교원 명예교수, 한국핵정책학회장

I
서론

"한반도 문제를 어떻게 해결할까? 결코 해결할 수 없다, 단지 관리할 뿐이다." 팀 마셜이 베스트셀러 『지리의 힘(Prisoners of Geography, 2016)』에서 한 말이다. 그런데 실제 한반도 문제는 해결은 차치하고, 관리조차 쉽지 않았다. 탈냉전기 30년간 한국은 절대적으로 유리한 대북정책 환경을 누렸지만, 기다렸던 북한 붕괴 또는 체제 변혁은 발생하지 않았고, 북한은 오히려 강력한 제재 압박에도 불구하고 핵무장에 성공했다. 탈-탈냉전기 한반도는 '동북아 진영화' 현상 속에서 남북 간 군사적 대치가 더욱 고조되는 '신냉전의 늪'에 빠져들고 있다. 탈냉전기 내내 한국은 북한을 흡수 통일하려는 꿈에 빠졌지만, 지금은 북한의 핵 공격 우려로 잠 못 이루는 실정이다.

2010년대 후반부터 다음 사건들이 연이어 발생하면서, 동북아와 한반도 정세는 질적으로 변화했다. 동 사건들로 인해 '한반도 신냉전'이 발생했고, 탈냉전기 내내 국가 붕괴 위기에 시달렸던 북한은 국가 생존의 탈출구를 찾았다.

첫째, 북한이 2017년 9월 자칭 "수소폭탄" 핵실험에 성공하고, 11월 ICBM 화성 15호 시험발사한 이후 "국가 핵무력 완성"을 선언했다. 현재 북한은 핵무기를 약 50~100기 보유한 핵무장국("핵보유국"이 아님)으로 등장했고, 어떤 통제를 받지 않은 채 핵무력을 증강 중이다. 북한은

2024년 초 돌연 민족통일 노선의 폐기를 선언하고 남북 관계를 "적대적 두 국가 관계"로 규정했으며, 한국을 정복 대상으로 간주하고 핵 공격을 위협했다.

둘째, 2010년대 후반부터 '중국의 부상'에 따른 '미중 경쟁'이 본격화되자, 중국은 '전략적 완충지대'로서 북한의 가치를 재인식하게 되었다. 러-우 전쟁(2022)과 '미-러 경쟁'을 배경으로 북러 동맹(2024)이 체결되었고, 북한은 새로운 안보적·경제적 탈출구를 찾았다. 시진핑 주석은 중국 전승절 행사(2025.9.3.)에 김정은 위원장과 푸틴 대통령을 초청하여, 북중 관계 회복과 북·중·러 3국 연대를 과시했다. 그 결과, 동북아와 한반도에서 북중러 대 한미일의 진영적 대치 구조가 재부상 중이다.

셋째, 2025년 1월 트럼프 2기 행정부가 등장하면서 세계정치의 탈이념화와 탈규범화, 그리고 다극 체제와 강대국 정치를 촉진했다. 김정은에 호의적인 트럼프 대통령의 복귀와 북미 정상회담 가능성은 한반도 정세에 중대한 전환을 초래할 수도 있는 변수이다. 1기 트럼프 대통령은 북한에 대해 극단적인 강압과 대화를 병행하며 한반도 정세를 지옥과 천당을 오가듯 흔들었다. 2기 트럼프 대통령의 일방적인 대북 접근과 '스몰딜' 합의가 예상되면서 국내에서 큰 논란이 예상된다.

이런 상황을 배경으로, 이 글은 "한반도 신냉전"의 시각에서 한반도 정세를 분석하고 전망했다. 이어서 한국이 효과적이고 지속 가능한 대북정책을 추진하기 위해 고려할 3개 추진 원칙, 한반도 비핵평화를 촉진하기 위한 5개 전략과제를 제시하고 토론했다.

II
탈-탈냉전기 한국의 대북정책 환경 평가

1. 북한의 '한반도 신냉전' 전략 추진

가. 북한의 핵역량 증강 지속: 북핵 위협 증대 및 "핵보유 지위" 제고 결과

김정은 국가안보 전략의 핵심은 역시 핵무장이다. 2025년 이후에도 북한은 국가안보를 위해 핵 억지력 증강을 위해, 핵물질 증산, 운반수단 (미사일, 전략잠수함) 개발과 배치에 집중할 전망이다. 2023년 9월 최고인민회의에서 김정은은 "핵무기 생산을 기하급수적으로 늘리고 핵 타격 수단의 다종화를 실현하며, 여러 군종에 실전 배치하는 사업을 강력히 실행"할 것을 요구했다. 2024년 9월 김정은은 농축시설을 방문하고, "핵 병기를 기하급수적으로 늘리기" 위해 원심분리기 대수를 늘리고 신형 원심분리기도 조기에 도입할 것을 지시했다. 따라서 2025년에 북한은 "다종화한 핵 타격 수단을 각종 군종에 실전배치"하는 작업을 가속할 것으로 전망한다.

한미의 북한 비핵화 외교가 핵개발 저지에 실패한 이후, 서울과 워싱턴에서 북한 비핵화 비관론, 북핵 외교 무용론이 만연하다. 그런데 만약 북핵 외교를 포기하고, 북한의 핵 증강을 방치하면 10년 후에는 어떻게 될까? 북한은 약 150기 핵무기를 보유하여, 이스라엘, 파키스탄, 인도의 핵무기 보유량에 버금가게 된다. 더욱이 10년 후에는 아마 북한도 현재와 같은 "불법적 핵무장국" 지위에서 벗어나, 인도, 파키스탄, 이스라엘과 같은 "사실상 핵보유국" 그룹으로 용인될 가능성도 배제하기 어렵다. 이런 미래의 위험을 예상한다면, 한국은 완전한 북한 비핵화를 주창하면서 사실상 핵활동을 수수방관할 것인지, 아니면 "북핵 중단"에서 시작하는 '단계적 비핵화'를 시도할 것이지 선택의 기로에 있다.

나. 한국의 흡수통일과 외교적 간섭을 거부하기 위한 '한반도 적대적 2국 체제' 정착

김정은은 신냉전 전략 구상의 하나로 자신의 국가안보와 체제안보에 최대 위협 요인인 남한의 '흡수통일' 위협을 근원적으로 차단하고자 했다. 이를 위해 2023년 말 북한은 돌연 전통적인 민족통일노선을 폐기하고, 남북 관계를 "적대적 두 국가 관계"로 규정하고, 남한을 타민족의 외국으로 취급하기 시작했다.

북한은 새로운 반통일 노선을 실행하기 위해 2024년 내내 북한군을 동원하여 남북 연결 철도·도로를 제거하고, 지뢰를 매설했다. 마침내 2024년 10월 북한 인민군 총참모부는 "제1의 적대국, 불변의 주적인 대한민국과 접한 국경을 영구적으로 차단, 봉쇄"하고, 국경지대를 "견고한 방어축성물로 요새화"한다고 발표했다. 북한은 앞으로도 남북을 정치적·물리적·국제법적으로 완전히 분리하는 조치를 계속할 전망이다.

냉전기 한국은 "한반도 문제의 한반도화" 원칙을 견지했는데, 북핵문제가 불거진 이후 북미 핵협상으로 인해 이 원칙이 유명무실해졌다. 향후 미국과 일본은 자유로운 대북 접근을 위해 북한의 '2국 체제' 명분을 활용할 가능성마저 있다. 특히 최근 미국과 일본이 한반도 군사위기 관리와 비핵화 차원에서 북한과 대화 의사를 계속 밝혔는데, 향후 북미 및 북일 고위급 대화(정상회담 포함) 가능성이 더욱 커졌다.

다. 북러 군사동맹과 북·중·러 연대로 한반도 신냉전 체제 강화

2021년 1월 출범한 바이든 행정부, 2022년 5월 출범한 윤석열 정부는 북한과 대화에 별 관심이 없었다. 미국은 중국을 견제하고, 한국은 북한의 안보 위협에 대응하는 데 집중하면서, 한미일이 안보협력을 적극 추진했다. 그 결과, 동북아에서 한미일 대 북중러의 진영화 추세가 더욱 선명해졌다. 이즈음 김정은의 연설에서 '신냉전'이라는 용어가 등장했다.

2021년 9월 김정은은 최고인민회의 연설에서 "미국의 불공정한 편 가르기로 인해 국제정세가 '신냉전' 구도로 변화"했다고 주장했다. 여기서 김정은은 '신냉전'을 미국의 행태를 비판하는 데 사용했다. 하지만 곧 북한은 '신냉전' 국제정세가 자신에 유리하다고 판단하고, 이를 적극 활용하기 시작했다. 그렇지만 김정은이 자신의 외교 전략을 "신냉전 전략"이라고 지칭하지는 않았다. 중국과 러시아는 최근 국제체제를 냉전기의 양극체제, 탈냉전기의 일극 체제와 구분하여 "다극 세계"로 지칭하고, 북한도 이 용어를 사용한다. 참고로, 여기서 중·러가 선호하는 "다극 세계"란 미·러·중·인·EU 등 다수 강대국이 각각 세력권을 유지하며 서로 간섭하지 않고 병존하는 국제체제를 지칭한다.

2022년 2월 러시아의 우크라이나 침공은 북한 외교가 본격적으로 '신냉전' 구상으로 전환하는 계기가 되었다. 러시아와 북한은 같이 미국의 강력한 제재를 받을 뿐 아니라 미국과 직간접적으로 전쟁 중이었기 때문에, 자연스럽게 '반미 공동전선'을 구축했다. 북한은 러시아의 우크라이나 침공을 일관되게 지지하고 일부 전쟁물자를 제공하자, 이에 대한 보상으로 러시아는 유엔안보리의 대북 제재를 우회하여 북한이 필요한 식량과 연료를 제공했다. 마침내 2024년 3월 러시아는 UN 안보리의 대북 제재위원회 전문가패널 활동 연장 결의에 대해 거부권을 행사함으로써, 대북 제재 모니터링을 무력화했다.

김정은과 푸틴은 2024년 6월 평양 북러 정상회담에서 '북·러 포괄적 전략 동반자 관계 조약'이라는 명칭의 군사동맹을 체결했다. 북한은 러시아가 절실히 필요로 한 포탄을 대량으로 제공하고 1만여 명의 북한군을 파병하여 동맹 결속력을 획기적으로 강화했으며, 러시아의 군사 지원도 대거 확보했다. 아마도 김정은이 러시아로부터 더 절실히 원했던 것은 경제협력이었을 것이다. 북한은 파병 북한군의 월급, 포탄·무기 공급, 전후 건설 참여 등 외화 획득 사업 등으로 외화 획득 기회를 확대하고, 제재로 인해 수입이 제한되었던 석유·식량·산업 물자 등도 러시아로부터 대거 수입했을 것이다. 러-우 전쟁이 촉발한 유라시아 '신냉전' 정세로 인해 북한은 새로운 안보적·경제적 탈출구를 찾았다.

한편, 러시아가 북한에 ICBM, 첨단 미사일, 핵추진 잠수함, 군사정찰위성 등 전략무기의 기술지원을 공공연히 제공할 가능성은 아직 낮아 보인다. 러시아도 NPT체제의 공식 핵보유국이고 극소수 ICBM 기술 보유국으로서 국제 핵 질서의 유지에 이해관계가 있고, 우크라이나 전쟁 종전 이후에는 책임 있는 유엔안보리 상임이사국으로 복귀할 가능성도 염두에 두기 때문이다.

2. 트럼프 2기 행정부의 북미 정상회담 추진 및 "스몰딜" 가능성

가. 트럼프 대통령의 북미 정상회담 추진 및 강화된 톱-다운, 일방주의적 접근

트럼프 대통령은 대선 시 수시로 김정은과 개인적 좋은 관계를 언급하여, 북미 정상회담 가능성을 예고했다.

"나는 북한 김정은과 잘 지냈다. 많은 핵무기를 가지고 있는 누군가와 잘 지내는 것은 좋은 일이다. 우리는 북한의 미사일 발사를 중단시켰다. 북한에 많은 핵무기가 있지만, 우리는 잘 지냈고, 여러분은 아무 문제가 없었다. 북미 회담 이후 누구도 위협받지 않았다. 이제 북한은 다시 도발하고 있다. 나는 재집권하면 김정은과 잘 지낼 것이다."

트럼프의 발언을 볼 때, 직접 대북정책을 주도하고, 늦어도 1~2년 내 미북 정상회담을 추진할 것으로 전망한다. 단기적으로 북미 정상의 회동은 어렵겠지만 '친서 외교', 특사 파견 가능성은 열려 있다. 김정은의 트럼프 대통령 취임 축하 또는 안부 친서, 트럼프의 회신 등이 예상되고, 이를 계기로 '친서 외교'가 재개될 전망이다. 김정은은 북러 협력의 지속성을 확신할 수 없으므로, 북미 정상회담 가능성을 완전히 차단하지는 않을 것으로 보인다.

트럼프의 발언을 보면, 김정은과 대화 재개 가능성을 강조하면서도 '북한 비핵화'를 언급한 적이 없다는 특징이 있다. 대신 (핵)전쟁 방지를 강조했는데, 이는 그의 우크라이나, 이스라엘-가자 전쟁의 조기 종료, 임기 중 전쟁 개시 반대 등과 일맥상통한다. 따라서 그의 북핵 정책은 '완전한 비핵화' 대신 '핵활동 동결'에서 시작하는 '단계적 비핵화' 및 "핵사용(핵전쟁) 위험 감소"에 집중할 것으로 전망된다.

2025년 트럼프 행정부에서는 대북정책에 대해 2개의 접근법이 경쟁할 것으로 예상된다. 하나는 트럼프 대통령이 대선 중에 공언했듯이 자신의 주도로 김정은과 직접 대화를 재개하고 좋은 관계를 회복하는 것이다. 다른 하나는 평소 불량국가 북한에 대한 정권교체, 선제공격 등과 같은 강경책을 주문했던 트럼프 외교안보 팀의 소위 "슈퍼 매파"들이 주도하여, 북한을 제재압박 또는 방치하는 것이다. 그런데 이 글은 이 중에서 트럼프 개인의 직접적인 대북 관여, 대화 중심 접근법의 가능성이 높다고 본다. 북한 문제는 이미 트럼프 대통령의 개인적 아젠다로 잘 알려져, 외교안보 팀의 대북정책에 대한 발언권은 제한될 것이다.

한편, 트럼프 행정부에서 국내의 정치·경제적 개혁, 우크라이나·이스라엘 전쟁의 종전 등이 시급하고 중차대한 국정 현안이어서 북한 문제는 뒷순위로 밀릴 전망이다. '하노이 노딜(2019)'의 굴욕을 생생히 기억하는 김정은도 새로이 조성되는 한반도 신냉전 구도에 만족하며, 설사 트럼프의 정상회담 초청이 있어도 선뜻 호응하지 않을 것으로 보인다.

나. 완전한 비핵화 vs. 핵군축 vs. 단계적 비핵화

트럼프 2기 동안 북한의 '핵군축' 문제가 크게 논란이 될 전망이다. 트럼프 후보의 위 발언을 보면, 북핵의 위험성을 관리한다는 말만 할 뿐 '북한 (완전한) 비핵화'에 대한 언급이 없다. 국내에서는 '핵군축' 접근을 강하게 비판하고 금기시하지만, 근래 미국에서는 광범위하게 논의되었다. 2022년 10월 보니 젠킨스(Bonnie Jenkins) 미 국무부 군축·국제안보 담당 차관이 한 국제학술회의에서 "김정은이 군축에 관해 얘기하고 싶다고 전화하면, 우리는 안 된다고 하지 않을 것"이라고 발언했다.

최근 2024년 미국 공화당, 민주당 대선 정강에서 "북한의 완전한 비핵화" 문구가 사라졌다. 설상가상으로 2024년 10월 한미 SCM 공동성명에서 관행적인 "북한의 완전한 비핵화" 문구가 빠지고, "제재와 압박을 통해 북한의 핵 개발을 단념시키고 지연시키는 노력을 추진"한다는 난해한 문구로 대체되었다. 국내에서 미국이 '북한 비핵화'를 포기했다고 비판하면, 미국 정부는 그렇지 않다고 대응하는 상황이 반복되고 있다. 하지만 우리가 새로이 직면해야 할 '불편한 현실'은 북한이 이미 핵무장했고, 완전한 비핵화, 조속한 비핵화는 불가능하다는 점이다.

지난 30년간 '북한의 완전한 비핵화'를 목표로 한 비핵화 외교는 "완전한 실패"로 끝났다. 이미 북한이 핵무장 했으므로, 향후 비핵화 외교는 더욱 어려울 것이다. 이런 현실을 감안하여, '핵 동결'에서 시작하는 '단계적 비핵화' 방안이 계속 제기될 전망이다. 국내에서 '단계적 접근법'은 종종 "북한 핵 보유를 인정하는 핵군축"으로 간주되기 때문에 논쟁이 지속될 전망이다.

사실 과거 제네바 북미 기본합의, 6자합의도 즉각적인 비핵화를 요구하지 않고, 사찰을 유예하며, 정치·경제적 보상을 제공했다는 점에서 "핵군축적 비핵화" 합의였다. 참고로, 엄밀하게 국제법적으로 말하면, '핵군축(nuclear disarmament)'은 NPT 6조에 따라 '핵보유국(NWS)'이 핵무기의 일부 또는 전부를 제거하는 것이다. 이 정의에 따르면, 북한은 NPT 상 '핵보유국'이 아니므로 애당초 '핵군축 협상'의 주체가 될 수 없다.

3. 한반도에서 군사적 충돌과 핵사용 위험성 증대

한국과 북한은 분단국으로서 서로 자신의 체제로 통일을 달성하기 위해 "먹느냐, 먹히느냐"를 투쟁하는 최악의 '통일 경쟁' 관계에 있다. 분단국 간의 '통일 경쟁'은 일반 국가 간의 통상적인 '안보 경쟁'과 달리 항상 국가 존망의 명운을 걸고 전개되었고, 그 결과 한반도는 분단 이후 단 한 순간도 전쟁 위험에서 벗어나지 못했다. 한국은 북한의 무력을 동원한 적화통일을 항상 두려워했고, 북한은 국력이 월등한 한국의 흡수통일과 막강한 미국의 기습적 침공, 정권교체 공작을 두려워했다. 북한 핵무장 이후 한반도 정세는 더욱 악화되었고, 전통적인 전쟁위기에 더해 핵사용 위험성까지 우려하지 않으면 안 되게 되었다. 향후 예상되는 한반도 전쟁 시나리오와 핵사용 가능성은 다음과 같다.

첫째, 북한이 적화통일을 목표로 전면전을 추진하는 시나리오가 있는데, 그 가능성은 낮을 것으로 평가한다. 김정은은 지난 연말 노동당 전원회의에서 한국을 '가장 적대적인 국가'로 규정하고, '핵무력의 지속적 증강'과 '남조선 영토 평정을 위한 대사변 준비'를 지시하여 전면전 가능성을 시사했다. 그러나 북한이 경제력이 50배 이상인 한국을 상대로 실제 전면전에 나서기는 어렵다. 북한이 전면 침공에 나서면, 막강한 한미동맹은 통일을 목표로 대규모 반격에 나설 것이다. 이때 북한은 전쟁 목표를 달성할 가능성이 희박하고, 오히려 한미동맹은 반격으로 북한 정권을 제거할 가능성이 크다. 이런 전쟁 전개를 전망할 때, 김정은 정권이 아무리 모험적이라 하더라도 '자살 전쟁'을 감행할 가능성은 작다고 본다.

둘째, 북한이 한정된 정치·군사적 목표를 위해 제한전을 추진하는 시나리오가 있으며, 그 가능성은 크다. 북한은 내부 통제 강화, 북·중·러 연대, 한국경제 타격, 남남갈등 조장, 한미 이간 등을 목표로 북방한계선 침범, 한국 함정 공격, 서해 북단 도서 포격과 점령, 남한 방향으로의 중장거리 미사일 시험발사 등 군사도발을 감행할 수 있다. 최근 핵무장국인 러시아와 이스라엘이 핵사용을 위협하여 외부 개입과 확전을 효과적으로 차단했고, 미국도 이란을 폭격했지만 이란의 보복 기도를 좌절시켰다. 북한이 이런 핵사용 위협 사례에서 잘못된 교훈을 얻어서, 한국을 상대로 핵사용을 위협하며 재래식 제한전을 감행할 가능성이 있다.

셋째, 남북 간 우발적 군사적 충돌이 발생하고 확전으로 이어지는 시나리오가 있으며, 그 가능성은 크다. 한반도에서 고도로 축적된 군비 태세와 첨예한 정치·군사적 긴장은 마른 장작더미와 같아, 의도치 않은 군사행동이나 우연한 소규모 충돌이 '불씨'가 되어 확전을 촉발할 수 있다. 서해·동해 북방한계선 인근에서의 군사적 충돌, 분계선과 북방한계선상의 위협적 군사훈련, 북한의 괌·하와이 방향 중장거리 미사일 시험발사, 한국발 전단 풍선에 대한 총격, 남북한 드론 정찰기에 대한 상호 총격 등의 시나리오가 있다.

넷째, 북한의 핵사용 시나리오가 있다. 가능성은 낮지만 매우 우려되는 상황이다. 북한은 자신의 핵 억지력을 과신해 한국에 대한 제한적 군사도발을 감행할 수 있으며, 이는 파키스탄과 인도가 핵무장을 한 상태에서도 제한전쟁을 벌인 '안정-불안정 패러독스'가 북한에 적용되는 경우다. 또한 제한된 핵역량을 보유한 북한이 미국의 선제공격으로 핵전력이 무력화될 것을 우려해 '사용하거나 잃거나(use-it-or-lose-it) 딜레마'에 빠져 선제공격에 나설 가능성도 있다. 북한의 핵무력정책법(2022)은 이러한 선제적, 자의적 핵사용 독트린을 명시하고 있다.

한편, 한국군은 북한의 선제적 핵사용을 방지하기 위해, 선제공격으로 핵미사일 발사를 무력화하는 '킬체인' 군사 원칙을 운영하고 있다. 이렇게 북한의 선제적 핵사용 교리와 한국의 선제적 군사 공격 원칙이 충돌할 경우, 사고나 오산에 의한 군사적 충돌 가능성은 배가된다.

III
대북정책의 지속성과 효과성 강화를 위한 3개 추진 원칙

1. 국민합의 기반 대북정책 수립

한국이 대북정책의 주도성, 실효성, 지속성을 강화하려면 대북정책에 대한 정치적 합의가 반드시 전제되어야 한다. 대북정책에 대한 고질적인 '남남갈등'과 정권교체마다 발생하는 대북정책의 급선회를 그대로 두고는 대북정책의 효과를 거두는 것이 불가능하다.

한국의 대북정책이 10년 이상 일관성을 유지했다면, 북한도 이에 적응하여 한국의 대북정책이 성과를 거두었을 가능성이 컸다. 예를 들면, 대북 쌀 지원을 10년 지속했다면 북한의 대남 식량 의존이 굳어져 한국의 대북 협상력이 강화되었을 것이다. 만약 대북 제재압박을 10년 이상 지속했다면 북한 체제도 더 큰 타격을 입었을 것이다. 그런데 정권교체에 따라 대북정책이 오락가락하는 문제 이외에도, 때로는 남남갈등의 악화로 대북정책이 마비되거나 방치되는 사례도 있었다.

구체적인 처방의 하나로, 중요한 대북정책 사안은 반드시 국회 외교통일위원회에서 심의와 여야 합의 절차를 거칠 것을 제안한다. 만약 여야가 정치 합의를 만들어 내지 못한다면, 그런 정책은 채택하지 않는 편이 낫다. 만약 어느 한 편이 정치적 합의 없이 무리하게 특정 사안을 실행하면, 결국 이 사안은 국민 합의의 미비로 추진 동력을 잃게 되거나, 추후 정권교체 시 철회되어 아예 추진하지 않은 것보다 못한 결과를 낳기 때문이다.

2. 북한 붕괴론 폐기와 실체 인정

탈냉전기 동안 한국과 미국이 지속 가능하고 체계적인 대북·북핵 정책을 추진하지 못했던 배경에는 무엇보다 '북한 붕괴론'이 있었다. 붕괴를 기다리는 대북정책은 북한이 제재·압박으로 약해진 내부를 재정비하고 핵개발을 위한 시간을 벌도록 허용한 큰 실책이었다. 사실 세계 어디에도 제재·압박만으로 핵개발을 포기시키거나, 국가 노선을 변경시키거나, 체제와 정권을 교체한 사례는 없었지만, 우리는 북한 붕괴에 대한 기대는 확고했었다.

북한식 수령 체제, 주체사상, 자립경제 속에서 북한의 붕괴 가능성은 더욱 작다. 또한 북한을 떠받치는 '동북아 지정학'을 경시했다. 동북아에서 해양 세력과 대륙 세력의 대치 구도, 북한의 지정학적 배후국이자 안보적 후원 국가로서 북한의 뒷배가 되었던 중국의 존재를 과소평가했다.

탈냉전기 중국은 한반도 정책으로 전쟁, 북한 불안정(붕괴), 핵무장을 반대하는 소위 '3노 원칙'을 내세웠다. 특히 중국은 '북한 안정'을 '북한 비핵화'보다 중시했다. 이는 북한이 중국 안보에서 완충지대 역할을 계속하려면, 북한 국가와 친북 정권이 지속되어야 했기 때문이었다. 중국은 핵무장 한 북한이 불편했지만, 그래도 북한의 불안정과 붕괴보다 더 나은 선택으로 여겼다. 따라서 중국은 제재·압박에 제한적으로 참가했고, 결국 사실상 북한의 핵무장을 용인했다.

다음, 설사 북한이 붕괴하더라도, 그 시점이 1년 후가 될지, 30년 후가 될지 누구도 알 수 없다. 내일의 주가와 환율도 예측하기 어려운데, 국가 붕괴에 대한 예측은 더욱 어렵다. 북한이 언제 붕괴할지 알 수 없고, 더욱이 북한 붕괴 정책의 효과가 발생할지조차 전혀 알 수 없는 상황에서 '붕괴론'을 대북정책 목표나, 기조로 추진해서는 안 된다. 반면에 북핵 문제는 현재 한국의 안녕에 심각한 안보 위협이므로 즉각적인 대응책이 필요하다. 결국, 대북정책과 북핵 외교가 성과를 내려면 있는 그대로의 북한을 상대할 수밖에 없다.

3. 동북아 지정학의 견고성을 감안한 대북정책 추진

탈냉전기 한미 정부와 전문가들은 유럽에서 발생한 "탈냉전 현상(소련의 해체, 동중유럽의 체제 전환, 동서독 통일 등)"이 동북아에서도 반복될 것으로 믿었다. 그러나 기대했던 북한의 체제 전환, 제재압박에 굴복, 핵개발 포기, 남북통일은 발생하지 않았다. 탈냉전기 북한은 중국의 보호에 힘입어 민주화와 자유주의 국제질서가 자신의 공간으로 침투되는 것을 거부했다. 그 결과, 북한이 제재압박에 굴복하거나 붕괴하기는커녕 유일수령체제를 보존하며 핵무장에 성공했다. 유럽과는 차별화되는 동북아의 견고한 지정학, 이를 뒷받침하는 중국의 건재가 북한과 동중유럽 구 공산국가의 운명을 갈랐기 때문이었다.

탈-탈냉전기 들어 중국의 부상, 북한의 핵무장, 러시아의 귀환, 미중 경쟁으로 동북아에서 진영화와 신냉전 질서가 굳어지면서, 자유주의적, 이상주의적 대북정책이 성과를 거둘 가능성은 더욱 낮아졌다. 대신 역내에서 세력 경쟁, 군비경쟁, 군사 활동, 핵위협의 증대로 군사적 충돌과 핵사용 위험성이 급증했기 때문에 이에 대응하기 위한 대북정책이 시급하다.

또한 그동안 한미 정부는 북한의 변화와 비핵화를 위해 중국의 역할에 크게 의존했는데, 앞으로 중국에 대한 기대를 크게 낮추거나 버려야 한다. 탈냉전의 미중 협력 시대에도 그런 중국의 역할은 결코 만족스럽지 못했다. 중국은 철저히 자신의 외교안보적 이익에 부합하는 범위 내에서만 한반도 문제의 해결에 참여했기 때문이다. 탈 탈냉전의 미중 경쟁 시대에는 중국이 대북정책의 훼방꾼이 될 가능성마저 주의해야 한다. 미중 전략경쟁 시대 들어 중국은 더욱 노골적으로 북한을 더욱 비호하며, 북핵 문제를 외면했다. 2024년 3월 중국은 유엔 안전보장이사회에서 대북 제재 위원회 전문가패널의 임기 연장 투표에 기권하여, 거부권을 행사하여 동 패널을 무력화시킨 러시아에 동조했다. 결국 북핵 문제를 해결하려면 중국에 책임을 떠넘길 것이 아니라, 한반도 문제의 직접 당사자인 한국과 미국이 더욱 적극적으로 나서야 할 것이다.

Ⅳ
반도 비핵평화를 위한 5개 정책 과제

1. 북핵 위협에 대한 한미동맹의 억지력 강화를 최우선 추진

지난 30년간 북한 비핵화 외교가 완전히 실패하면서, 북한의 대남 핵 위협과 핵사용 위험성이 증대했다. 따라서 향후 한국의 대북정책은 통일, 평화, 안보의 3대 목표와 가치 중에서도 전쟁 방지와 북한 주도 통일을 거부하는 '안보'가 대북정책의 출발점이자 기반이 되어야 한다.

김정은은 2023년 12월 노동당 전원회의에서 한국을 "가장 적대적인 국가", 남북 관계를 "전쟁 중인 교전국 관계"로 규정하고, "핵무력의 지속적 증강"과 "남조선 영토 평정을 위한 대사변 준비"를 지시하여 대남 전쟁 위협을 고조시켰다. 또한 김정은은 2024년 1월 최고인민회의 시정연설에서도 "전쟁이 일어나면 대한민국을 완전히 점령·평정·수복해 편입시키는 문제"를 헌법에 반영하겠다고 밝혔다. 이 발언은 김정은의 전쟁설과 핵공격설을 불러일으켰다.

이런 북한의 (핵)전쟁 도발 가능성을 억지하려면, 현재로서는 미국이 한미동맹에 따라 한국에 핵우산, 핵협의그룹을 포함하는 '확장억제'가 최선의 현실적인 대응책이다. 미국은 한미동맹 조약에 따라 한국이 침공을 받을 때 절차에 따른 군사 지원의 의무를 지고 있다. 또한 미국은 수시로 한국에 안보 공약을 정치적으로 재확인했다. 실제 한미 정부는 수시로 고위급 한미 군사회담, 한미 연합군사훈련, 한미 고위급 확장억제전략협의체(EDSCG) 등을 개최하고, 미국은 각종 전략자산을 한반도와 인근에 파견하거나 배치했다.

미국 행정부는 현재 본토와 동맹국을 보호하기 위해 전시에 필요시 핵무기를 먼저 사용할 수도 있는 '일차 사용' 원칙을 채택하고 있다. 하지만 미국의 핵우산 제공 약속을 믿을 수 있는가 하는 의구심이 완전히 해소되지는 않았다. 아마 한국이 실제 핵무기를 자체적으로 보유하기 전까지는 그런 의심이 해소되지 않을 것이다.

그런데 미국도 핵우산을 제공해야 하는 이유가 있다. 만약 미국 핵우산에 대한 신뢰가 없다면 미국 동맹국들은 생존을 위해 어떤 희생을 치러서라도 핵개발에 나설 가능성이 높다. 일부 국가는 미국과 동맹을 포기하고, 유라시아 대륙 국가에 편승할 수도 있다. 이런 상황은 미국의 국익과 배치된다. 실제 미국은 동맹국을 어떤 비용이 들더라도 보호해 왔다. 미국이 냉전기부터 동맹국을 소련(러시아), 중국과 같은 핵 강대국의 핵위협으로부터 보호할 수 있었다면, 한국을 북한과 같은 소규모 핵무장국으로부터 보호하지 못할 이유가 없다.

커지는 북핵 위협에 대응하기 위해 미국은 2023년 '워싱턴선언'에서 핵우산과 확장억제를 더욱 강화할 것을 약속했다. 미국은 "한반도에 대한 모든 가능한 핵무기 사용의 경우, 한국과 이를 협의하기 위한 모든 노력"을 다하고, "한미동맹이 핵 억제에 관해 보다 심화되고 협력적인 정책 결정에 관여"할 것을 약속했다. 구체적으로 "확장억제를 강화하고, 핵 및 전략 기획을 토의하며, 비확산 체제에 대한 북한의 위협을 관리하기 위해 새로운 '핵협의그룹(NCG)'의 설립"을 선언했다.

북핵 위협에 대응하기 위해 한미 간 핵 기획과 전략 기획을 협의하기 위한 '핵협의그룹'의 창설은 한미동맹 발전에서 획기적인 이정표이다.

과거 한미는 북한 비핵화를 위해 긴밀한 외교적 공조 체제를 유지했지만, 군사 차원에서 미국 핵무기 사용에 대한 협의는 거의 없었다. 냉전기에 국내 미군기지에 전술핵이 다수 있었지만, 어디에 얼마나 있는지, 언제 어떻게 사용하는지 한국은 알지 못했다. 북한의 전략적 도발에 대해 미국이 종종 전략무기를 동원하여 시위했지만, 미국의 재량적이고 일방적인 조치였다. 이런 전례를 볼 때, '핵협의그룹' 설립은 미국의 전통적인 핵정책에서 획기적인 전환이며, 한국에 대한 미국의 핵우산을 가시적으로 보장할 것이다.

2. 남북 평화공존을 위해 '잠정적 2국 체제'와 '4강 교차 승인' 재추진

남과 북은 1945년 분단 이래 서로 최악의 안보 경쟁이자, 상대방의 존재를 부정하는 '통일 경쟁'에 몰두했다. 남과 북은 서로 분단체제의 현상 타파를 외치며, 언젠가 다가올 통일을 주도하기 위해 치열하게 정통성 경쟁, 군비경쟁, 세력경쟁을 벌였다. 남북이 서로 상대 체제를 부정하고 자기 주도의 통일을 추구한 결과, 한반도는 항구적인 갈등, 빈번한 군사적 충돌, 전쟁위기에 시달렸다.

탈냉전 초기 처음으로 남과 북은 한반도에서 2개 국가가 정치적 실체로 존재하는 현실을 인정하고, 관계 개선과 평화공존을 모색했다. 특히 노태우 한국 정부는 '북방정책'으로 불리는 평화정착 구상을 적극적으로 추진했다. 1991년 9월 남북의 유엔 동시 가입을 계기로 한반도에서 대한민국과 조선민주주의인민공화국 2개 국가가 공존하는 "국제법적 2국 체제" 시대가 처음 열렸다. 2024년 현재 한국과 수교국은 192개국, 북한과 수교국은 159개국, 남북 동시 수교국은 156개국이다. 국제법적으로 이 156개국은 남과 북을 별개의 독립된 주권 국가로서 인정한 셈이다.

남과 북은 1991년 12월 체결한 기본합의서에서 상호 체제 인정과 존중, 내정 불간섭, 무력 불사용과 불가침, 비방 중지, 상대방 전복과 파괴 중지 등에 합의하여 '사실상 2국 체제'를 수용하는 듯이 보였다. 그런데 북한이 "2국 체제"를 강하게 부정함에 따라, 남과 북은 남북 관계를 "나라와 나라 사이의 관계가 아닌, 통일을 지향하는 과정에서 잠정적으로 형성되는 특수관계"로 규정하기로 합의했다. 그 결과, 남북은 서로 먹고 먹히는 '통일 경쟁'의 프레임에서 완전히 벗어나지 못했다.

따라서 이 글은 한반도의 전쟁 방지와 평화 정착을 위한 방안으로, 통일 목표를 재확인하는 조건에서 통일까지 '잠정적 2국 체제'를 수용할 것을 제안한다. 구체적 방안으로, 평화 통일의 분위기가 조성될 때까지 평화공존을 목표로 2국 체제를 법제화하는 '남북 기본조약'을 체결할 것을 주장한다. 남북 기본조약은 기본합의서(1991) 내용을 계승하되, 조약 양식으로 발전시킨 것이다. 남북 기본조약의 국제법적 성격과 이행성을 보장하기 위해, 남북 정상이 서명하고 국회의 비준을 받은 후, 유엔 헌장 제102조 절차에 따라 유엔 사무국에 국제조약으로 등록한다.

그동안 국내에서 일부 전문가들이 종종 '2국 체제' 방안을 거론했지만, 정치권과 전문가그룹에서 진지하게 토론된 적은 없다. 2국 체제가 민족통일을 거부하는 반민족주의, 영구 분단을 획책하는 반통일주의, 헌법 3조의 한반도 영토 조항을 부정하는 반헌법주의로 비판받는 분위기에서 정치적, 학술적 토론이 어려웠기 때문이었다. 하지만 오늘과 같이 전쟁 위험성이 과거 어느 때보다 높고 통일은 더욱 멀어진 한반도 정세에서 평화정착을 최우선으로 추진하는 것이 불가피하다는 인식에서 한시적 성격의 '잠정적 2국 체제'를 제안한다.

탈냉전 초 통일부 장관이었던 이홍구 전 총리는 남북 '2국 체제'의 추진 경과를 이렇게 회고했다(이홍구, "평화 통일을 위한 분단 체제의 제도화," 중앙일보, 2015.9.14.). "민족공동체 통일방안은 한반도에서 두 국가 체제가 상당 기간 공존하고 협력하는 제도화를 처방한 것이었다. 이 한국판 '2국 체제' 해결안에 따라 91년 남북 기본합의서, 유엔 동시 가입, 비핵화 공동선언이 이뤄졌다." 따라서 한국이 이 미완성 구상을 완수하려면, 2국 체제를 다시 추진할 필요가 있다.

이홍구 전 총리는 한국이 유엔 동시 가입과 남북 기본합의서 체결로 2국 체제를 추진했었지만, 실패한 배경에 대해 다음과 같이 술회했다. "만약 그때 유일 초강대국이었던 미국이 주도하여 남북 간 합의된 양국 체제 해결안에 대한 국제적 보장의 틀을 바로 마련했더라면 한반도 평화통일로 진입이 가능하지 않았을까 하는 아쉬움이 있다." 그리고 평화공존을 위한 처방으로써 '2 국 체제'를 미국과 중국, 러시아와 일본이 "조약으로 보장하고 지원"할 것을 제안했다. 결국, 한반도 평화체제를 구축하려면, 잠정적 2국 체제의 재정착과 더불어 90년대 한국 정부가 추진했던 남북한에 대한 '4강 교차 승인'을 재추진할 것을 제안한다. '4강 교차 승인'이 달성되면, 한반도에서는 국제법적 '평화협정'이 없더라도 국제정치적으로 효과적인 한반도 평화체제를 구축하게 된다.

3. 북핵 외교 재개를 통해 '북핵 동결'에서 시작하는 '단계적 비핵화' 추진

지난 수년간 미국에서 대다수 북핵 전문가와 전 북핵 협상 대표가 북한 핵 역량 증강의 위험성, 완전한 비핵화 달성의 비실현성 등을 강조하면서, 대안으로 '핵 동결'에서 시작하는 '단계적 비핵화' 또는 핵 군비통제(군축) 협상을 제안하기 시작했다. 이런 미국 내 추세를 감안할 때, 트럼프 2기 행정부가 '단계적 비핵화' 또는 '핵군축' 협상을 추진할 가능성이 높다. 또한 미·북 대화 추진 시 트럼프식 일방주의 외교, "한국 패싱" 가능성, "핵군축" 추진 등이 국내에서 크게 논란될 것으로 예상되므로, 철저한 준비가 필요하다.

예를 들면, 2023년 12월 폴리티코(Politico)는 한 기사에서 트럼프 캠프 인사를 인용해 트럼프가 북한이 핵 활동을 동결하고 새로운 무기 개발을 중지하면, 경제 제재를 완화하고 지원을 제공하는 방안을 검토 중이라고 보도했다. 당시 트럼프 후보는 이를 가짜 뉴스라고 부정했지만, "핵 활동 동결과 제재 완화의 교환"에 대한 의구심은 아직 남아있다.

트럼프 행정부의 북핵 정책에 대한 구체적인 대응 방안으로, 첫째, 트럼프 대통령이 조속히 김정은 국무위원장에게 친서를 보낼 것을 제안한다. 트럼프 친서는 김정은에게 위신을 제고하는 효과가 커서 김정은이 완전히 무시하기 어려울 전망이다. 이 친서에서 양 정상이 채택한 '싱가포르 공동성명(2018)'의 효력을 재확인하도록 한다. 김정은이 이에 호응하면, 공동성명에 포함된 한반도의 완전한 비핵화, 북·미 관계 정상화, 평화체제 구축의 3대 목표를 양 정상이 재확인하는 효과를 거두게 된다.

둘째, 미측 인사의 '핵군축 협상' 발언에 과도히 민감하게 반응할 필요가 없다. '핵군축'이란 원칙적으로 '(NPT 6조에 따른) 핵보유국' 간 협상으로 쌍방이 핵무기를 감축하는 것이다. 그런데 북한은 '핵보유국'이 아니므로 국제법적으로 '핵군축' 협상의 당사자가 될 수 없다. 동시에 '단계적 비핵화'는 현실적으로 불가피하다. 사실 이전의 북·미 제네바 기본합의(1994), 6자 합의(2003)도 모두 핵동결에서 시작하는 '단계적 비핵화'를 추진했다. 그렇다고 과거 북핵 협상을 '핵군축' 협상이라고 부르지 않았듯이, 향후 미·북 핵 협상도 그렇게 부를 이유가 없다.

셋째, 한·미 정부는 조기에 실무회의를 개최해 공동으로 '비핵화 로드맵'을 작성해야 한다. 트럼프 1기 때에도 '개념적 비핵화 로드맵'이 만들어진 적이 있다. 이를 참고하여, 한국이 우려하는 사항을 사전에 제기하고 논의한다면 "한국 패싱"이나 "핵군축 협상" 등과 같은 갈등이나 오해가 발생하는 것을 미리 방지할 수 있을 것이다. 한·미 협상에서 한국의 입장을 관철하려면 (종전 선언, 통일 독트린의 전례를 반복하지 않으려면), 국내 보수·진보·중도를 망라한 전문가들이 모여 "한반도 지정학적 현실에 부합하면서도 비핵·평화·번영의 비전을 반영한 한국형 비핵평화 로드맵"을 우선 만들어야 한다.

4. '핵 리스크' 감소와 군사적 충돌 방지를 위한 남북 및 북미 정치군사회담 추진

북한은 전통적으로 자신을 한·미 동맹에 비해 군사적 약자로 인식하며, 미군의 본격적인 증원 이전에 전쟁 목표를 달성하기 위해 선제공격과 기습공격을 중시하는 전쟁 전략을 채택했다. 북한은 핵 개발 과정에서도 자신의 핵 역량이 미국의 '1차 타격'에 의해 무력화될 것을 우려하여, 어떤 적의 공격에도 핵무기로 확전 대응하는 '비대칭 확전(asymmetric escalation)' 핵전략을 추진했다.

이런 공세적인 군사전략의 전통은 핵전략에도 이어져, 북한은 2022년 채택한 '핵무력정책법'에서 한·미를 상대로 선제적·자동적·임의적 핵공격을 위협하고 있다. 이는 현존하는 9개 핵무장국(nuclear-armed states)의 핵전략 중에서도 유례없이 가장 공세적인 것으로 평가된다.

한국군도 이런 북한의 불시 선제적 핵무기 사용을 저지하기 위해, 북한 핵미사일의 발사 징후를 탐지하여 발사 이전에 선제공격으로 무력화시키는 '전략표적 타격', 소위 '킬체인' 공격 원칙을 채택했다. 그러나 북한의 비대칭 확전 및 핵 선제공격 교리와 이에 대응하기 위한 한국의 선제적 핵미사일 무력화 전략이 첨예하게 대치하는 상황에서는, 남북 간 사소한 군사적 충돌도 핵사용을 촉발하는 '발화점'이 될 가능성이 크다.

북한의 계획된 대남·대미 핵공격은 앞에서 논의한 미국의 핵우산과 확장억제로 저지한다. 하지만 고도의 핵사용 준비 태세와 공세적 핵 독트린으로 인해, 각종 사고 및 오인·오해로 의도치 않은 핵사용이 발생하거나, 사소한 군사적 충돌이 핵사용으로 확전될 가능성이 커진다. 따라서 이와 같은 '핵사용 위험성'을 감소시키기 위한 특별한 조치가 필요하다.

구체적으로 남북, 북·미 또는 남·북·미 간 정치·군사 회담을 제안하며, 군사적 긴장 완화, 위기 시 소통 유지와 위기관리, 군사 정보 교류 등을 통해 핵사용 위험성을 감소시킬 방안을 적극적으로 모색하고 추진해야 한다. 최근 국제사회에서는 강대국 정치와 지정학적 경쟁의 부활로 인해 핵사용 가능성이 증대함에 따라, '핵사용 위험 감소'를 주요 군축·비확산 과제로 강조하고 있다. 이를 위한 조치로서 핵 능력 투명성 제고, 핵무기 사용 태세 완화, 안보 정책에서 핵무기의 역할 축소, 핵실험 모라토리엄 시행, 군사용 핵물질 생산 금지, 핵군축·비핵화를 위한 여건 조성 등을 제기하고 있는바, 이러한 의제를 북한과의 정치·군사 회담에서 논의하여 확전 및 핵사용 위험성을 감소시켜야 한다.

5. 공개적 핵무장 논쟁 중단 및 북핵 위협 고조 시 전술핵 반입 옵션 검토

2017년부터 북한이 "국가 핵무력 완성"을 선언하고 핵위협을 가중하자, 우리 국민의 70% 이상이 자체 핵무장을 지지했다. 그런데 과연 한국의 핵무장이 최선의 안전보장 방책인가? 이 글은 국내의 핵무장론이 불확실한 핵무장의 이익을 과대평가하는 한편, 실질적인 핵무장 비용과 불이익을 과소평가했다고 본다. 특히 미국의 핵비확산 정책과 핵비확산 국제 레짐의 실효성을 과소평가했다.

핵무장 지지론자들은 "핵은 핵으로만 대응할 수 있다"고 주장하며, "미국 핵우산은 막상 필요할 때 전개되지 않는 '찢어진 핵우산'"이라고 보기 때문에 핵무장이 불가피하다고 주장한다. 그런데 이 주장은 한국이 자체 핵무장과 한·미 동맹을 동시에 유지할 수 없는 현실을 간과했다. 또한 핵무장론자들이 주장하는 한·미 동맹과 핵우산에 대한 불신은 근거가 없다. 실제로 한·미 동맹과 핵우산은 지난 70년간 한국의 평화와 번영을 보장하는 실적을 보였다.

반면, 한국의 핵무장이 어떤 안보 효과를 가져올지는 불확실하다. 한국의 핵무장은 남북 간 (핵)전쟁의 위험성을 더욱 높일 가능성이 있다. 인도-파키스탄 사례를 보면, 상호 핵 억제에도 불구하고 전쟁이 빈발했고 핵 사용 위험성도 높았다. 더욱 치열한 경쟁 관계인 남북 상황에서 한국이 핵무장을 하더라도 안정된 핵 억지를 기대하기 어려울 것이다.

또한, 핵무장론자들은 한국이 핵무장을 하면 강대국이 되고 국제적 지위도 상승할 것이라고 주장한다. 그러나 현실은 다르다. 북한과 이란의 사례에서 보듯이, 핵무장을 하면 강력한 제재를 받고 국제사회에서 고립된다. 한국이 핵개발을 추진하면 핵 강대국이 되기는커녕, 현재 한국이 누리는 선진국·중견국·모범적 핵비확산조약(NPT) 회원국으로서의 지위에서 추락하여 '불량국가'로 간주될 것이다.

상기 이유로 한국이 핵무장을 할 수 없다면, 북핵으로부터 어떻게 안보를 보장할 것인가? 강력한 자체 재래식 방위력에 더해 한·미 동맹의 주한미군·핵우산·핵협의그룹을 활용하는 현행 방안이 최선이다.

일부 전문가는 핵무장 시 피해를 감안하여, 농축·재처리를 통한 핵잠재력을 확보하는 옵션을 주장한다. 그러나 "핵잠재력을 위한 농축·재처리"를 추진하면, 미국과 국제사회가 이에 동의할 가능성이 없다. 따라서 현 단계에서 가장 현실적인 농축·재처리 추진 방안은 원자력의 평화적 이용에 한정한 민수용 농축·재처리를 추진하는 것이다.

한편, '전술핵무기 재반입' 옵션이 있다. 2022년 4월 김정은이 핵무기의 "둘째 가는 사명"을 언급한 이후, 국내에서 전술핵무기 재반입과 나토식 핵공유 방식이 더욱 주목받았다. 사실, 전술핵의 재배치는 NPT에 저촉하지 않고, 핵 옵션 중 비교적 실행이 용이하며, 한국에 대한 안전보장과 북한에 대한 억제 효과를 가시적으로 제공할 수 있다. 전술핵 재배치 옵션은 아래와 같은 제약요인이 있음에도 불구하고, 북한 핵위협이 고조하면 불가피하게 추진할 수도 있을 것이다.

사실 미국 정부와 전문가들은 전술핵무기 재반입의 안보적 효과와 실현성에 대해 부정적이다. 미국은 과거 공산권의 대규모 재래식 침공을 전술핵으로 억제할 필요가 있었지만, 현재는 강력한 재래식 군사력만으로도 충분히 억제하고 격퇴할 수 있다고 판단한다. 또한 미국이 전략핵 중심의 핵전략을 운영하는 점도 한국 내 전술핵 재배치를 어렵게 만드는 요인이다. 냉전기 미국은 수천 기의 전술핵을 운영했지만, 탈냉전 이후 전략핵무기를 이용한 '대량 보복 억제' 전략에 집중하면서 불필요한 전술핵을 대거 폐기했다. 그 결과, 현재 미국은 전술핵 약 200기를 보유하며, 이 중 100기를 유럽 5개국(이탈리아, 독일, 터키, 벨기에, 네덜란드)에 있는 6개 미군기지에 배치 중이다. 미국은 주한미군 기지에 1959년부터 전술핵을 배치했지만, 1991년에 완전히 철수했다.

국내 사정도 전술핵 재반입을 어렵게 한다. 최근 고고도 미사일 방어체계(THAAD) 도입, 원전 부지 및 사용후핵연료 처분 부지를 둘러싼 반핵·평화·환경단체의 반대를 고려하면, 전술핵 배치에 대한 더욱 강한 주민과 시민단체의 반대가 예상된다. 사드(THAAD) 사태를 보면, 중국도 한국의 전술핵 배치에 강력하게 반발할 것으로 예상된다.

마지막으로, 한국이 중견국·중추국·통상국가로서 지위를 유지하려면 핵비확산 규범을 준수해야 한다. 그러나 만약 미국의 안보 공약이 철회되고 주한미군이 철수한다면 어떻게 해야 할 것인가? 이런 경우, 어떤 비용을 치르더라도 핵개발에 나설 수밖에 없을 것이다. 따라서 정부와 정치권은 이러한 만일의 사태에 대비하여, 핵무장을 과연 어떻게, 어떤 비용을 감수하고 추진할 것인지에 대한 '플랜 C'를 준비해야 한다.

참고 문헌

김흥규 편, 2021, 『신국제질서와 한국 외교전략』(서울: 명인문화사)

전봉근. 2020, 『비핵화의 정치』(서울: 명인문화사)

_____. 2022, "북한 핵보유국법과 핵무력정책법의 비교 평가와 한국의 대응책 모색" 『주요국제문제분석』 국립외교원 외교안보연구소.

_____. 2023, 『한반도 국제정치의 비극』(서울: 박영사)

_____. 2023, 『북핵 위기 30년 – 북핵 외교의 기록과 교훈』(서울: 명인문화사)

한용섭. 2022, 『핵비확산의 국제정치와 한국의 핵정책』(서울: 박영사)

Brzezinski, Zbigniew. *The Grand Chessboard: American Primacy and its Geostrategic Imperatives*. Basic books, 2016.

Kaplan, Robert D. *The Revenge of Geography: what the map tells us about coming conflicts and the battle against fate*. Random House, 2012.

Marshall, Tim. *Prisoners of Geography: Ten Maps That Explain Everything About the World*. Scribner, 2016.

Mearsheimer, John J. *The Tragedy of Great Power Politics*. Norton, 2001.

04

이재명 정부의
대북정책과 통일정책 뉴 스타트

황 지 환

서울시립대 국제관계학과 교수

I
대북정책과 통일정책의 대내외 환경

1. 트럼프 2기 행정부의 등장: 미국 우선주의 대북정책의 귀환

　트럼프 2기 행정부의 등장은 미국 우선주의 대외정책의 귀환을 의미하는데, 한국의 대북정책에 큰 도전을 야기할 것으로 예상된다. 미국의 이란 핵시설 폭격과 우크라이나 전쟁의 소극적 대응은 트럼프 2기 대외정책이 어떤 모습일지 암시하고 있는데, 트럼프의 불편한 외교정책은 북한 문제를 비롯한 한반도에서도 현실화 될 가능성이 높다. 일부에서는 트럼프 2기 행정부가 펼칠 새로운 북미관계와 한반도 정책에 큰 기대를 걸고 있지만, 그런 기대는 희망적 사고에 불과할 수 있다. 2022년 러시아의 우크라이나 침공과 2023년 하마스의 이스라엘 공격은 이스라엘과 미국의 이란 핵시설 폭격으로 이어지면서 국제정세는 급변하고 있기 때문이다. 이런 상황에서 북한 문제는 미국의 주요 관심에서 벗어날 가능성이 높다. 이들 정세에 변화가 나타난다고 해도 북미관계가 새로운 돌파구를 찾을 수 있을지는 미지수이다. '미국 우선주의' 대외정책은 미국이 전통적으로 강조해 온 민주주의 원칙과 규범적 가치보다는 비용과 이득의 거래적 관점에서 미국의 이익을 규정하고 있다. 물론 트럼프는 스스로 규정하는 이익에 도움이 된다면, 동맹도 버리고 적대국과도 친하게 지낼 수 있다. 기존 북미 적대관계와는 달리 북한과도 관계개선을 할 가능성이 존재한다는 의미이다. 이런 관점에서 트럼프는 2018-19년 싱가포르와 하노이에서 김정은과 역사상 최초의 북미정상회담을 개최하고 핵문제를 협상했다. 하지만, 결과론적으로 보면 트럼프 1기에도 북미관계는 별로 달라지지 않았는데, 이는 트럼프가 규정하는 이익에 김정은이 부합하지 못했기 때문이다.[1] 트럼프 2기 행정부에서 북미관계가 근본적으로 달라질 수 있을지는 의문이다

트럼프는 다른 지역 상황이 어느 정도 마무리되면 김정은과 정상회담을 고려할 수도 있을 것이다. 트럼프는 8월 이재명 대통령과의 한미정상회담에서 김정은과의 재회에 기대를 내비친바 있다. 하지만, 트럼프가 과거와 같은 방식으로 김정은에게 접근할 수 있을지는 불확실하다. 트럼프가 김정은을 만족시키기 위해서는 2019년 2월 하노이에서 거절했던 김정은의 제안 이상을 수용해야 할 텐데, 미국은 그럴 준비가 되어 있지 않다. 김정은은 현재 트럼프의 과거 제안을 수용할 마음이 없다. 트럼프 2기에 북미관계가 개선되고 북핵 문제가 해소될 수 있다면 그것은 거부할 수 없는 유혹이다. 하지만, 트럼프가 북한 문제에 관심을 가지게 되더라도 이미 집권 중반 이후가 될 가능성이 높아 동력을 가지기는 쉽지 않다. 오히려 그는 과거처럼 갑작스럽게 대북정책을 변화시켜 세계를 놀라게 할지도 모른다. 오바마, 바이든의 '전략적 인내(strategic patience)'에 대비되는 '비전략적인 조바심(unstrategic impatience)'으로 개인적 충동에 따른 정책이 나타날 가능성도 있다.[2] 이 경우 한국 정부는 예측 가능한 대북정책을 펼치기가 어려워질 것이다.

---

[1] 트럼프 1기 행정부의 대북정책과 북미협상에 대해서는 다음을 참조. 황지환, 『북한은 왜 미국과 싸우는가: 비핵화와 평화체제의 국제정치 딜레마』 (서울: 서울시립대 출판부, 2025), pp. 214-234.

[2] Jihwan Hwang, "Trump's Unstrategic Impatience for North Korea," EAI Global NK Commentary, March 18, 2025.

2. 김정은 정권의 대남 정책 변화: 변화된 세상으로 트럼프 다루기

한국의 대북정책과 북미관계 개선이 어려운 이유는 북한쪽에서 더 강한데, 김정은이 아직 협상할 마음이 없기 때문이다. 김정은은 아직 한국 및 미국과 협상할 마음이 없는 듯 한데, 특히 "미국과의 협상은 갈 수 있는 곳까지 다 가보았다"며 대북 적대시정책을 비판하고 만남을 단호하게 거절한 바 있다.[3] 미국에 대한 김정은의 인식은 아직 2019년 2월 하노이 정상회담 실패의 충격에서 벗어나지 못한 듯 하다. 당시에는 2017년까지의 핵과 장거리 미사일 개발 성과를 바탕으로 트럼프에게 전략적 양보를 얻어내려고 협상에 나섰었다. 하지만, 트럼프는 기대에 부응하지 못했고 김정은은 당분간 북미협상의 꿈을 접었다. 트럼프에게 한번 실패를 경험한 김정은이 핵과 미사일 능력에 더 분명한 자신감을 갖지 못한다면 협상을 재개하기는 어려울 것이다.

다른 한편, 김정은이 인식하는 세계질서는 2018년과도 많이 달라져 있다. 김정은은 세계질서가 신냉전과 다극질서로 변하여 미국의 패권시대는 끝났다고 인식하고 있다.[4] 북한은 우크라이나 전쟁에서 러시아를 적극 지지하면서 안보동맹 조약을 다시 맺고 파병까지 했다. 이런 상황에서 북한은 북미협상보다는 북러관계 강화와 북중관계 개선에 더 큰 관심을 가지고 있다. 김정은이 9월 중국 전승절 행사에 참석하여 시진핑 및 푸틴과 함께 한 이유이다. 트럼프가 친하다고 주장하는 푸틴을 김정은이 여전히 붙잡고 있다는 사실은 향후 한반도 상황에 큰 변수가 될 수 있다. 최근에도 북한은 러시아에 공병부대를 포함한 6,000명의 병력 지원

---

[3] 『조선중앙통신』, 2024년 11월 21일.
[4] 『조선중앙통신』 2021년 9월 29일; 『조선중앙통신』 2022년 9월 7일.

에 합의한 바 있다.[5] 물론 우크라이나 전쟁이 끝나면 푸틴에게 김정은의 전략적 필요성이 감소할 것이다. 이 경우 장기적으로 북러관계가 변화할 수 있지만 북한이 파병까지 한 상황에서 러시아가 단기간 내에 북한을 멀리할 가능성은 낮다. 그런 변화가 있기 전에 한국이나 미국 모두 김정은과 유리한 협상을 진행하기는 어렵다. 김정은은 2024년 이후 남북한 관계와 통일문제에서 '적대적 두 교전국가론'을 주장하며 새로운 시각과 정책을 보여주고 있는데, 한반도 주변정세의 변화 속에 한국정부의 대북정책 추진은 상당한 어려움에 직면할 수 밖에 없다.

3. 기존 정책의 지속 불가능

북한 문제는 한국 정부가 직면한 대외정책 현안 중 가장 중요한 이슈이면서도 그동안 성공하지 못한 어젠다이다. 남북한 관계는 지난 수십 년 동안 전혀 개선되지 못해 기존 대북정책이 지속되기 불가능한 상황이다. 북한 문제에 대해 한국정부가 취해온 정책은 크게 두 가지 접근법으로, 진보의 대북 포용정책과 보수의 대북 압박정책으로 요약될 수 있다. 김대중, 노무현, 문재인 정부는 진보적 관점에서 대북 포용정책을 추진한 반면, 이명박, 박근혜, 윤석열 정부는 보수적 관점에서 제재와 압박 중심의 대북정책을 추진했다. 지난 30여년 동안 한국 정부는 보수와 진보 정부를 거치면서 대북정책의 두 흐름인 '당근과 채찍' 혹은 '포용과 압박' 정책을 모두 시도해 보았다. 하지만, 여전히 북한 문제는 해결되지 않았으며, 남북한관계 역시 개선되지 않았다. 보수 진영은 진보 정부의 대북

---

[5] "북한 공병·건설인력 6천명 러 파견"…김정은, 쇼이구에 "협조" 연합뉴스, 2025년 6월 18일. 북한 매체에는 자세한 지원인력 숫자는 공개되지 않았다. 『조선중앙통신』, 2025년 6월 18일.

정책을 '퍼주기 정책'이라 비판하며 북한 문제 해결에 실패했다고 주장한다. 진보 진영은 보수 정부의 대북정책이 북한의 강경대응을 불러오며 남북한관계의 근간을 훼손했다고 비판한다. 그러나 보수와 진보 정부 모두 남북한관계 개선에는 성공하지 못했다는 점에서 큰 차이가 없다. 남북한관계의 정체 및 퇴보는 대북정책의 실패를 의미하기 때문에 북한 문제의 구조적, 환경적 요인을 극복할 수 있는 대북정책을 추진하는 것이 필요하다.

II
이재명 정부의 정책목표와 방향성

1. 국익중심 실용외교의 대북정책 방향

　이재명 대통령은 어떤 대북정책을 추구할 것인가? 이재명 대통령은 김대중, 노무현, 문재인 정부의 정책을 이어갈 것인가, 혹은 새로운 정책을 추진할 것인가? 이재명 대통령이 밝힌 대외정책의 핵심기준은 실용주의라고 알려져 있다. 그렇다면, 대북정책에 있어 실용주의는 무엇인가? 이 대통령이 북한 문제에 대해 밝힌 가장 기본적 원칙은 "아무리 비싼 평화도 전쟁보다는 낫다"는 것이다.[6] 동시에 "싸워서 이기는 것보다, 싸우지 않고 이기는 것이 낫고, 싸울 필요 없는 평화가 가장 확실한 안보"라고 언급한 바 있다. 강한 군사력으로 부수는 것만이 능사가 아니므로, 강력한 한미동맹과 세계 5위의 군사력, 국민의 단합이라는 억지력 위에 소통과 대화, 협력을 통해 서로 침략하고 공격할 필요가 없는 상황을 만들 것이라고 공약했다. 이재명 대통령은 강력한 억지력과 대화, 협력을 통해 한반도에서 평화를 달성하려는 것이 가장 실용적인 대북정책이라고 인식하고 있다. 강한 안보 위에 평화를 구축하기 위해 이재명 정부는 한미동맹을 기반으로 중국 및 러시아와의 관계 안정에 주력하는 국익중심

---

[6]　대한민국 대통령실, "대한민국 제21대 대통령 취임사," 2025년 6월 4일.

실용외교를 천명해 왔다. 한일관계에서도 정상간 셔틀외교를 복원하며 실용적 대일정책을 펼칠 것이라고 약속했다. 이재명 대통령이 미국외교 및 북핵 전문가인 위성락 의원을 국가안보실장에 임명하고, 유엔대사를 역임한 조현 전 차관을 외교부장관으로 지명한 것은 주변국 외교와 국제사회와의 협력을 중시하는 모습을 잘 보여준 사례로 평가된다.

이 대통령의 실용외교는 비단 주변국들과의 관계 뿐 아니라 대북정책을 추진하는데도 구체화되고 있다. 대북정책에 대해 이 대통령은 대선 과정에서부터 한반도 긴장 완화, 남북 관계 정상화를 핵심 공약으로 설정했으며, 군 통신선 및 남북 연락사무소 복원, 9·19 군사합의 회복 추진 의지를 밝힌 바 있다. 특히 취임 직후 대북확성기 운영을 중지하고 대북전단 살포를 금지한 것은 남북간 긴장을 완화하여 북한과의 불필요한 충돌을 방지하고 접경지역 주민의 삶의 질을 제고하려는 실용주의 대북정책의 신호탄으로 풀이된다. 이재명 대통령이 대북 접촉과 남북 협력의 경험이 있는 이종석, 정동영 전 통일부장관을 국정원장과 통일부장관으로 선택한 것은 향후 진행될 수 있는 북미관계와 남북한 관계의 변화에 발빠르게 대응하기 위한 준비로 보인다. 어떠한 이유에서든 북한이 과거처럼 한국과 미국에 접근해 올 경우 그 기회를 적극적으로 활용하고자 하는 의도로 읽힌다.

2. 남북한 관계와 한반도 평화의 현실적, 실용적 인식

한반도 평화에 대한 이재명 대통령의 언급은 북핵 문제 협상과정에서 많이 논의되었던 한반도의 항구적인 평화체제 구축 노력을 떠 올리게 한다. 그동안 북한 문제를 논의하는 남북, 북미, 6자회담 등에서 논의한 한반도 평화체제는 평화에 대한 오랜 갈망으로 인해 상당히 높은 수준의 평화 개념을 담고 있었다. 특히 2018년 남북정상회담과 북미정상회담은 한반도에서 '항구적이고 공고한' 평화체제를 구축할 것을 약속했다.[7] 이런 합의는 한반도에서 첨예한 군사적 긴장상태를 완화하고 전쟁 위험을 실질적으로 해소하기 위한 노력으로 높이 평가받을 만 하다. 하지만, 당사자간 평화에 대한 관념 및 정치적 의도의 차이로 인해 그동안 한반도 평화체제 구축 노력이 별다른 성과를 거두지 못했음을 명심할 필요가 있다. 사실상 이처럼 높은 수준의 평화개념은 한반도에서 현실적이지도 실용적이지도 못했다. 평화에 대한 절실함이 너무 강해서인지 한반도 평화 구상은 종종 현실화되기 어려운 이상론으로 흘러갔다.

평화학의 창시자로 잘 알려진 요한 갈퉁(Johan Galtung)은 '소극적 평화(negative peace)'와 '적극적 평화(positive peace)'를 분리하여 적극적 평화의 중요성을 강조했다.[8] 소극적 평화는 전쟁을 방지하고 갈등을 관리하는 차원에서 얻어지는 질서를 의미한다. 반면, 적극적 평화는 군사적, 정치적, 경제적, 문화적 차원에서 간접적, 구조적 폭력의 요인이 사라지고 상호간에 동등한 관계가 이루어진 상태를 의미한다. 케네스 보울딩(Kenneth Boulding)도 평화를 '안정적 평화(stable peace)'와 '불안정적 평화(unstable peace)'로 구분했다.[9] 안정적 평화는 전쟁의 발발 가능성이 없고 전쟁에 대한 대비조차 필요하지 않은 영구적 평화가 보장되는 상태이다. 불안정적 평화는 전쟁발발의 가능성이 상존하지만 힘에 의

---

[7] 이에 대한 영문표현으로는 'permanent and solid' 혹은 'lasting and robust' peace regime 이 주로 사용되었다. "한반도의 평화와 번영, 통일을 위한 판문점 선언," 2018년 4월 27일, "Joint Statement of President Donald J. Trump of the United States of America and Chairman Kim Jong Un of the Democratic People's Republic of Korea at the Singapore Summit," June 12, 2018.

[8] Johan Galtung, Peace by Peaceful Means, (London: Sage Publications, 1996).

[9] Kenneth Boulding, Unstable Peace, (Austin: University of Texas Press, 1979).

한 억지력과 합의에 의한 규제 등을 통해 전쟁을 예방하고 관리하는 제도를 마련하는 상태를 의미한다. 이재명 대통령이 천명한 한반도 평화는 북한 핵문제나 군비축소의 소극적 평화 개념을 넘어서 남북한 사이에 폭력의 구조적 요인이 사라진 적극적, 안정적 평화를 지향하는 것으로 보인다.

하지만, 한반도 주변 국제질서를 고려할 때 그동안 논의되었던 이상적 평화 구상보다는 조금 낮은 단계의 평화 구상이 더 현실적이고 실용적이라고 판단된다. 한반도 평화의 로드맵으로 수용되기 위해서는 첨예하게 얽혀있는 각 국의 이해관계를 풀어낼 수 있어야 한다. 한반도에는 아직 평화를 위한 충분한 제도와 관행이 형성되지 못해 적극적이고 안정적 평화를 달성하기 위한 안보공동체(security community) 수준의 기대는 비현실적이다. 오히려 한반도 주변의 안보딜레마(security dilemma)를 감소시킴으로써 분쟁을 해소하고 전쟁을 회피하며 평화를 관리하는 안보레짐(security regime)을 구축하는 것이 실용적인 평화개념에 부합할 것으로 보인다. 강력한 대북 억지력을 대화 및 협력과 결합하여 단계적으로 한반도에서 평화를 달성하려는 노력이 가장 현실적이고 실용적인 대북정책이 될 것이다. 이를 위해서는 이재명 정부가 단기적으로는 부족하나마 소극적, 불안정적 평화를 추진하면서도 장기적으로는 적극적, 안정적 평화를 지향하는 정책을 펼쳐야 할 것이다. 단기적으로 지나치게 이상적인 정책은 실용적인 정책이 될 수 없다.

III
대북정책과 통일정책의 핵심 정책제안

1. 자신감에 기반한 주도적 대북정책 추진

한국은 19세기 이후 강대국간 세력균형, 일본 식민지, 미소 양극의 냉전질서 영향 하에서 독자적 대외정책 공간을 확보하는데 큰 제약을 받아왔다. 세계질서의 구조상 한국과 같은 나라가 대외정책의 자율성을 가지고 독자적 행동을 취하기는 쉽지 않았으며, 이는 대북정책에서도 예외가 아니었다. 과거 노태우 정부의 북방정책과 대북정책 정도만이 한국이 주도적으로 전략을 세우고 추진했던 자신감에 기반한 대외정책이었다고 평가되고 있다.[10] 노태우 정부의 대북정책은 여러 가지 한계가 있었지만, 북한의 부분적 호응을 이끌어냈고 남북기본합의서, 비핵화공동선언 등 합의의 결과물을 만들어냈다는 점에서 상당한 의미가 있었다. 이런 점은 진보정부의 문재인 대통령도 인정하고 있다. 문 대통령은 "개방성의 면에서 획기적인 새로운 장을 연 것은 노태우 정부"였다고 평가했다. 또한, "이전에는 중국, 소련, 동구권 같은 공산권 국가는 전부 다 반국가단체의 범주에 속했는데, 노태우 정부가 북방정책으로 공산권 국가들과 수교함

---

10 하용출 편, 『북방정책: 기원, 전개, 영향』 (서울: 서울대학교 출판부, 2003); 전재성, "노태우 정부의 북방정책과 공산권 수교," 함택영, 남궁곤 편, 『한국외교정책: 역사와 쟁점』 (서울: 사회평론, 2010).

으로써 개방적인 통상국가로 발전하는데 중요한 출발점이 됐죠"라고 언급한 바 있다.[11]

현재 한국의 국력을 고려했을 때 북한에 대한 관여정책을 회피할 이유가 없다. 또한, 민주주의와 시장경제의 선도국으로서 북한 인권문제와 경직된 독재체제에 대한 지적을 회피할 이유가 없다. 물론 미중 전략경쟁이 심화되고 북러, 북중간 협력이 강화되는 상황에서 공세적 대북정책을 펼치기에는 여러 가지 어려움이 따른다. 하지만, 여전히 한반도에서 북한에 비해 한국의 국력이 우위이며 안보환경이 유리함은 분명하다. 한반도에서 자신감에 기반한 주도적 대북정책 기조를 펼치는 것은 여전히 필수적이다. 북한 문제에 대해 지나치게 희망적 사고나 비관적 시각을 가질 필요없이 현실 국제정치 상황과 한반도 세력판도를 고려한 대북정책을 모색해야 한다. 북한의 대응에 대해 과도하게 기대할 필요도 없고, 한미동맹만을 고려하여 북한 문제를 외면할 필요도 없다. 한국이 직면한 국내외 환경과 여건을 고려하여 주도적 대외정책을 펼치는 것이 무엇보다 중요하다.

2. 글로벌-동아시아-한반도의 상호작용에 기반한 대북정책 추진

북한 문제는 글로벌-동아시아-한반도의 세 가지 층위에 복합적으로 얽혀 있기 때문에 대북 정책은 국제정치적 시각과 국내정치적 시각이 서로 맞물리는 과정에서 모색되어야 한다. 북한 핵 위기는 한반도 세력균형과 비핵화 문제일 뿐 아니라 동아시아 핵확산 가능성, 대량살상무기

---

[11] 문재인 지음/최종건 대담, 『변방에서 중심으로: 문재인 회고록 외교안보 편』 (서울: 김영사, 2024), p. 450.

(WMD) 확산 및 불량정권(rogue regime) 문제와도 연결되어 있다. 미국은 북한 핵 문제를 단순히 한반도 문제로만 다루지 않는다. 북한의 내부 위기 및 대외정책도 단순한 한반도 문제가 아니라 미중 전략경쟁과 동아시아 안보질서, 더 나아가 새로운 글로벌 질서 재편과 밀접하게 연결되어 있다. 2022년 러시아의 우크라이나 침공 이후 북러동맹의 복원이나 북한의 우크라이나 전쟁 파병, 미중 전략경쟁 속 북중관계 변화 등이 이를 분명하게 보여준다. 최근 '신랭전'이나 '다극'체제를 언급해 온 북한은 이런 상황 변화에 발 빠르게 대응해 왔다. 가령, 김정은은 2021년 9월 29일 최고인민회의 시정연설에서 "국제관계구도가《신랭전》구도로 변화되면서 한층 복잡다단해진 것이 현 국제정세변화의 주요특징"이라고 분석한 바 있다.[12] 김정은은 또한, 2022년 최고인민회의 시정연설에서도 한반도 주변 국제질서 변화를 다극세계로 표현했다. 그는 "현 국제정세는 정의와 부정의, 진보와 반동사이의 모순, 특히 조선반도를 둘러싼 세력구도가 명백해지고 미국이 제창하는 일극세계로부터 다극세계로의 전환이 눈에 뜨이게 가속화되고 있음을" 강조했다.[13]

한반도 통일 문제 역시 1990년 독일통일의 사례처럼 그 자체로 국제정치적 이슈이다. 때문에 미국, 중국, 일본, 러시아 등 주변 국가들이 어떤 태도를 보이느냐에 따라 극명하게 다른 시나리오로 전개될 수 있음을 고려해야 한다. 한반도 분단이 2차 세계대전 이후 미소관계와 냉전의 세계질서 속에서 전개되었다는 사실을 잊지 말아야 한다. 동시에 독일통일처럼 한반도 통일 역시 남북한 주민들이 동의해야 하는 국내적 이슈이기 때문에 대북정책은 국내정치와도 긴밀하게 연계되어야 한다. 글로벌-동

---

[12] 『조선중앙통신』, 2021년 9월 29일.
[13] 『조선중앙통신』, 2022년 9월 8일.

아시아-한반도라는 세 가지 공간 축을 통해 북한 문제를 이해하지 않고서는 보다 효율적이고 적극적인 대북정책을 마련하기 어렵다.

3. 신 국제질서 구도에 대응하는 대북정책 추진

미중, 미러간 새로운 관계는 기존의 냉전구도가 여전히 상존해 있는 한반도 통일환경에 커다란 영향을 미칠 수 있다. 특히 미러, 미중 경쟁과 갈등은 대북정책과 통일정책의 딜레마를 야기하며 한반도에서 큰 변수로 작용할 수 있다. 2018-19년의 남북 및 북미정상회담 과정에서도 미국과 중국은 상당한 기싸움을 보여주었다. 시진핑 집권 이후 2018년까지 북중정상회담은 단 한 차례도 열리지 않았었다. 2013년 북한의 3차 핵실험 이후 중국이 유엔 안보리의 대북제재에 동의함으로써 양국관계가 긴장된 모습을 보였던 점은 널리 알려져 있다. 하지만, 김정은은 트럼프와의 북미정상회담 카드를 통해 시진핑과 5번의 정상회담을 이끌어냈고, 중국을 북미관계 변화에 끌어들였다. 북한은 우크라이나 전쟁을 통해 러시아와도 새로운 안보조약을 체결하고 병력을 파병하며 관계 변화를 이루어냈다.

중국과 러시아는 북한을 자국에 의존시키며 경제적, 전략적으로 관리하고 있는 상황이다. 이들 국가는 북한에 대한 영향력을 바탕으로 한반도에서 미국을 견제하기 위한 지렛대를 확보하려 한다. 따라서 한국 정부 대북정책의 최대 도전은 주변 강대국들간 갈등의 심화 속에서 우리의 전략적 위상을 정립하는 것이다. 지난 기간 미국과 중국은 각기 인도태평양 전략과 일대일로 전략을 통해 글로벌 리더십을 장악하기 위한 경쟁을 지속해 왔는데, 이런 상황은 대북정책과 통일정책 입안과 추진에 커다란 영향을 미치고 있다.

분단이후 한반도 통일정책의 환경은 냉전기 미국과 소련의 균형시기, 1990년대 이후 미국 단극시기를 지나, 미중러 경쟁의 3기에 접어들고 있다. 미중, 미러 갈등이 심화될 때 한국은 대북정책에서 전략적 딜레마 상황에 놓일 수 있다. 한쪽 강대국과의 관계에 대해 다른 쪽이 공세적으로 대응할 가능성이 높기 때문이다. 최근 북중, 북러관계 강화로 한반도 통일환경은 미중러 강대국의 삼각관계에 강하게 영향받고 있다. 한국정부가 적극적으로 전략공간을 만들기 내기에 점점 더 어려운 환경이 조성되고 있는 것이다. 북한은 한반도에서 한미일 대 북중러의 신냉전 다극 구도를 심화시키려 노력하며 적극적으로 대응하고 있다. 이런 면에서 북한은 새로운 국제질서 변화를 통해 대외환경을 개선시키려 노력하고 있다. 한국 입장에서 대북정책과 통일정책을 운용하기 훨씬 더 어려워졌다는 것을 의미한다.

미국 역시 한반도 주변에서 미중, 미러간 전략 갈등을 관리하는 과정에서 한반도에 대한 기존 담론을 변경시킬 가능성도 있다. 특히 트럼프 행정부는 '미국 우선주의'의 거래적 관점에서 한반도 통일에 대해 다른 시각을 가질 수 있다. 트럼프식 대외정책이 고착화된다면, 미국이 한반도 통일을 지지한다는 기존 담론을 변화시킬 가능성도 배제할 수 없다. 장기적 관점에서 미국은 한반도 통일을 통한 한미동맹 강화와 중국 견제를 선호할 것이다. 하지만, 단기적 차원에서 한반도 통일이 결과할 수 있는 동북아 국제질서의 불안정성과 현상변경을 우려하며 이를 회피하려 할 수 있기 때문이다. 한국 정부는 북한의 두 국가론을 차단하고 한반도의 통일환경 조성을 위한 주변국 외교를 강화해야 할 것이다.

4. 대북 통일공공외교 추진

자유민주적 기본질서에 입각한 평화적 통일정책은 말 그대로 한국 국민과 북한 주민이 지지할 수 있는 통일정책이어야 한다. 이런 차원에서 독일 통일과정의 숨은 의미를 재해석하고 실천하려는 노력이 필요하다. 1990년 10월의 독일통일은 1989년 11월 베를린 장벽 붕괴의 당연한 결과가 아니다. 1990년 동독정부의 붕괴가 바로 서독과의 통일을 가져온 것도 아니다. 독일통일은 동독과 서독 국내의 정치적 과정을 거친 것이다. 기본적으로 독일 통일은 동독 및 서독 국민들의 선택이었다. 동독의 호네커 정권이 무너진 후 실시된 1990년 3월의 선거에서 동독 주민들은 조기통일을 약속한 정당에 압도적 지지를 보냈다. 이로써 동독주민들은 민주적 절차에 따른 독일통일을 스스로 시작했으며, 서독 국민들이 이를 수용했다. 만약 독일통일이 가져올 유럽 질서의 급격한 변화를 미국이나 소련이 우려했다면 통일을 승인하지 않았을 것이다. 주변국의 동의를 이끌어내는 데도 동서독 주민의 민주적 의사표현이 중요했을 것이다.

북한 역시 국제사회에서는 주권국가라는 현실을 직시해야 한다. 하지만, 북한을 국가로 보지 않는 헌법적 관점에서 남북한 관계는 통일을 지향하는 과정의 '특수관계'라는 국내적 현실과 조화를 이루어야 한다. 자유민주적 기본질서에 의한 평화적 통일을 위해서는 남북한 시민 모두의 지지가 필요하므로 한국 국민 뿐 아니라 북한 주민의 의사가 통일과정에 반영될 수 있도록 해야 한다. 현재의 남북한 관계와 통일환경 속에서 북한 주민들이 유사시 한국과의 우선적인 통일을 선택할 지는 의문이다.[14]

---

[14] Jihwan Hwang, "Does Anyone Desire Korean Unification?: Why We Need to Reconsider German Unification Now," EAI Global NK Commentary, September 13, 2024.

오랜 남북간 갈등으로 인해 북한 주민들은 한국에 적대적일 가능성이 높으며, 통일 자체에 관심이 없을 수도 있다. 장기적으로 북한 주민의 마음을 얻는 정책이 진정한 통일정책이다. 이를 염두에 둔 대북 통일공공외교가 설계되어야 하는 이유이다. 진정한 통일정책은 보수와 진보를 넘어 북한 주민들을 타겟으로 하는 관여정책이다. 그 정책은 북한 주민의 지지를 얻을 수 있는 정책이어야 한다. 이를 바탕으로 국내에서도 통일에 대한 남남갈등 및 세대갈등을 넘어설 수 있는 정책이 마련되어야 한다. 한반도 통일을 위해서는 국제사회의 지지도 중요하지만, 남북한 시민들의 지지와 민주적 합의가 필수적인 요건이다.

Ⅳ
대북정책과 통일정책 추진시 고려사항

1. 보수 대 진보의 이분법적 이념 대립 극복

그동안 대북정책에서 한국의 보수는 한미관계를 남북한관계보다 우선시하는 모습을 보여주었고, 진보는 남북한관계를 한미관계보다 우선시하는 모습을 보여주었다. 이런 이유로 북한과 미국을 동시에 포용하며 정책을 조율하는 인식과 전략은 그동안 한국 정부에서 수용되기 어려웠다. 하지만, 대외 정책의 관점에서 보면 훨씬 복잡한 측면이 있다. 아래 〈표〉와 같이 남북한관계와 한미관계를 동시에 강조하거나 조율하는 대북정책도 가능하다. 상황에 따라 이런 옵션 속에서 정책을 조정하는 모습이 필요하다. 이는 보수와 진보라는 이념적 잣대의 단순 논리보다는 대내-대외 시각을 포괄하여 대북정책을 보다 세밀하게 구성해야 한다는 점을 의미한다.

표 1 ― 북한 및 미국에 대한 인식과 국내정치적 이념 지형

	한미관계 우선	한미관계 차선
남북한관계 우선	?	진보
남북한관계 차선	보수	?

물론 한반도가 직면해 온 국제질서의 구조적 제약 때문에 한국의 대북정책만으로는 북한 문제 해결이 어렵다. 하지만, 기존의 보수 대 진보의 이분법적 단순 논리를 넘어서는 정교한 대북정책의 입안은 우선적으로 필요하다. 단순한 보수와 진보의 이념적 대결 논리로는 북핵 위기, 남북한관계, 한반도 통일문제에 얽혀 있는 국내적, 국제적 구조를 제대로 이해할 수 없기 때문이다. 이런 관점에서 이재명 대통령이 국회 시정연설에서 "외교에는 색깔이 없습니다. 진보냐, 보수냐가 아니라 국익이냐, 아니냐가 유일한 선택 기준이 되어야 합니다"라고 언급한 점은 큰 의미가 있다.[15]

2. 북한 체제의 장기지속성 고려

북한 문제를 인식할 때 빠르고 즉각적으로 반응하는 것이 국내외의 일반적 모습이다. 하지만, 정보 부족과 가짜뉴스 범람으로 성급한 대응은 잘못된 인식과 정책을 생산할 수 있다. 천천히 고민하고 분석하는 것이 필요한 이유이다. 예를 들어, 김정은 위원장이 몇 주간 모습을 드러내지 않으면 건강이상설이나 체제 붕괴 가능성에 대한 즉흥적 분석과 해석이 쏟아진다.[16] 북한이 핵실험을 하면 핵 능력과 위협에 대한 즉각적인 분석이 활발해진다. 북한의 무역구조 변화나 장마당 쌀값 변화를 내부 불안정과 바로 연결하기도 한다.[17] 물론 북한 문제는 긴급성을 요구하므로 직관적 사고에 의존해야 하는 경우가 많지만, 북한 체제의 구조, 장기적

---

[15] 대한민국 대통령실, "2025년도 추가경정예산안 관련 국회 시정 연설," 2025년 6월 26일.
[16] "김정은 건강이상설 '팩트와 루머' 사이…흔적만 있고, 확실한 건 없다," 『경향신문』, 2020년 4월 27일.
[17] "'美보다 쌀값 더 무섭다'…김정은 손대자 두배 폭등," 『중앙일보』, 2025년 5월 14일.

변화, 핵심 변수를 이해하는 것이 더 중요하다. 무엇보다 북한은 1948년 정부수립 이후 현재까지 80년 가까이 3대 세습의 독재체제로 유지되어 왔으며, 북한지도부가 체제 유지를 위해 엄청난 노력을 기울여 왔음을 인식해야 한다. 김일성, 김정일, 김정은 3대에 걸친 북한 지도자들이 비합리적이고 충동적인 것 같지만, 실제로는 신중하게 장기적 국가전략을 만들어 왔기 때문에 생존할 수 있었던 것이다. 이들은 사악한 독재자이지만 이익과 비용을 계산하는 데 능숙했으며 세계질서 속에서 북한의 위치를 비교적 냉철하게 이해했다. 이를 통해 김일성, 김정일을 거쳐 김정은으로 이어지는 3대 권력 세습을 유지하며 북한 체제가 상당한 내구력을 가지고 있음을 보여주었다. 이들은 독재자로서 국가를 통제하는 방법을 잘 알고 있었으며, 생존을 위해 계산적으로 행동해 왔다.

1990년대 초 냉전 종식 이후 많은 분석가들은 여러 차례 북한 체제가 생존하지 못할 것이라고 예측했었다.[18] 북한은 수령유일체제이므로 1994년 김일성이 사망했을 때 곧 붕괴할 것이라는 예상이 많았다. 1990년대 중반 '고난의 행군' 시기에도 북한 붕괴론이 유행했다. 2011년 김정일이 사망했을 때는 당시 27세의 젊고 경험 없는 김정은이 권력을 승계하지 못할 것이라고 예측했다. 2020년 이후 코로나19 위기 역시 북한 붕괴의 서막으로 보였지만 이러한 예측 중 어느 하나도 현실화되지 않았다. 한반도 통일 시나리오들 중 대다수는 북한 체제 붕괴를 기반으로 하고 있지만, 북한 체제가 민중 혁명이나 군사 쿠데타로 위협받았다는 보고는 없다. 전형적인 독재국가인 북한에서 김정은은 현재도 독재자의 통제 도구를 적극 활용하고 있다. 군사 쿠데타가 발생하더라도 정치적 정

---

[18] 1990년대 초반 냉전종식 이후 현재까지 진행된 북한의 위기와 대응에 대해서는 다음을 참조. Jihwan Hwang, *North Korea, Nuclear Risk-Taking and the United States: Kim Il Sung, Kim Jong Il and Kim Jong Un* (Lanham, MD: Lexington Books, 2024).

당성이 없는 군부가 북한에서 권력을 잡기란 매우 어려울 것이다. 김정은은 2012년 집권 이후 당과 군의 수많은 인사들을 숙청했으며, 2013년에는 당시 2인자이자 고모부인 장성택마저 처형했다. 만약 김정은의 권력이 공고하지 않았다면 이런 공포정치는 가능하지 않았을 것이다.

따라서 한국정부의 대북정책은 북한이 향후에도 상당기간 체제를 유지할 것이라는 전제에서 시작되어야 한다. 심지어 김씨 정권이 무너지더라도 북한이라는 국가는 여전히 존재할 가능성이 높다고 인식해야 한다. 새로운 지도부가 등장하여 북한 주민들의 지지를 받아 정권의 정당성을 주장할 수도 있다. 치열한 권력 투쟁 후 새로운 지도자나 권력 그룹이 중국 및 러시아의 동의를 얻어 체제를 유지하려 할 수도 있다. 중국과 러시아가 새로운 체제를 반대할 이유는 거의 없다. 두 강대국은 북한체제의 붕괴보다는 지속을 선호할 것이다. 북한 내부상황이 안정된다면, 중국과 러시아가 새로운 체제를 반대할 이유는 없다. 두 강대국은 동북아시아에서 북한체제의 붕괴보다는 지속을 선호할 것이기 때문이다. 중국과 러시아는 누가 새로운 지도자가 되든 자국에 큰 혼란을 주지 않으면 북한체제의 재건을 지원할 것이다. 이들은 김씨 정권의 붕괴를 수용할지는 몰라도, 북한이라는 국가의 붕괴를 원하지는 않을 것이기 때문이다.

1948년 이후 북한을 김씨 일가가 지배해 왔기 때문에 주민들은 아직 민주주의를 경험할 수 있는 기회를 갖지 못했다. 19세기 구한말 조선의 연장선상에서 보면 권력이 세습되는 것이 북한 주민들에게는 이상하게 느껴지지 않을 수도 있다. 민주주의 국가인 한국과 일본의 정치적 정당성은 선거와 국민 지지에서 나오지만, 북한에서는 다를 수 있다. 현재 북한 지도자의 정치적 정당성은 백두혈통의 지속을 통해 주장되고 있다. 북한 내부 상황이 안정된다면 북한 주민들은 민주주의 국가와는 다른 선택을 할 수 있음을 고려해야 한다.

3. 대북정책과 통일정책의 장기적 조화 고려

　장기적 차원에서 대북정책의 목표는 통일이어야 하며, 이를 위해서는 북한 주민들이 한국에 우호적인 시각을 갖도혹 유도하는 정책이 필요하다. 이를 위해 대북정책과 통일정책의 장기적 조화와 조정이 중요한데, 지금까지 두 정책은 서로 분리되어 논의되어 왔다. 가령 보수정부의 '대북정책 없는 통일정책'은 평화보다 갑작스런 통일을 추구하며 북한붕괴론과 흡수통일론의 기반이 되었다. 반면, 진보정부의 '통일정책 없는 대북정책'은 남북한 관계 관리와 한반도 평화에 집중하며 통일에 대한 비전을 제시하지 못했다. 전자는 '통일은 도둑처럼 올 수 있다(이명박)', '통일대박론(박근혜)', '통일은 갑자기 찾아올 수 있다(윤석열)' 등을 언급하며 평화 없는 통일의 길을 추구해 왔다. 후자는 '밤이 깊을수록 새벽이 가까운 법(문재인)'이라는 인식 하에 적극적인 통일지향의 정책보다는 평화의 길을 추구했다. 그동안 정권의 이념에 따라 평화 → 통일 혹은 통일 → 평화의 접근법을 택했으나, 이런 정책들은 실제로는 평화와 통일이 모두 없는 길이었다.

　향후에는 '평화 있는 통일의 길'과 '통일 있는 평화의 길'을 어떻게 모색할 것인지 구체적으로 고민해 보아야 한다. 이 과정에서 어떤 평화를 추구할 것인가, 어떤 통일을 지향할 것인가의 문제에 직면하게 될 것이다. 그동안 많이 논의된 한반도 평화체제는 어떤 평화를 의미하는가? 앞에서 언급한 것처럼, 적극적 평화와 소극적 평화, 안정된 평화와 불안정적 평화 사이에서 한반도 평화체제의 구체적인 로드맵을 만들어가야 한다. 이 과정에서 우리는 어떤 통일을 원하는지, 한반도에서는 어떤 통일이 가능한지 고민이 필요하다. 여전히 한국정부의 공식 통일방안인 '민족공동체통일방안'의 1단계 화해협력단계는 평화의 단계인가? 혹은 2단계 남북연합단계가 평화의 단계인가? 지난 30여년 동안 남북한은 1단계에 도달하기는 했던 것인가? 만약 1단계가 달성된다면, 다음 2단계로 넘어가기 위해서는 어떤 대북정책을 펼쳐야 하는가? 이 과정에서 헌법 4조의 "자유민주적 기본질서에 입각한 평화적 통일정책"은 어떤 의미를 가지는가? 작은 대북정책들이 모여야 커다란 통일정책의 기반을 마련할 수 있다. 통일의 비전이 제시되어야 대북정책의 방향을 모색할 수 있다. 단순한 대북정책을 넘어서 북한의 미래와 한반도 통일에 대한 종합적인 비전과 접근법이 필요하다. 이 과정에서 북한체제의 전략변화와 북한 문제 해결을 추진하는 것이 중요하다. 대북정책과 통일정책이 조화되어야 평화와 통일을 동시에 추구할 수 있다.

05

이재명-트럼프 시대
한미동맹의 주요 현안과 대응책

박 인 휘

이화여자대학교 국제학부 교수

Ⅰ
현재 상황과 문제점

동맹을 연구하는 학자들이 가장 흥미를 느끼는 질문은 동맹은 왜 생겨나고, 어떤 조건에서 발전하는지, 그리고 어떤 상황에서 폐지되는지와 관련된 부분이다. 1948년 '한미군사안전잠정협정', 1949년 '주한미군 군사고문단 설치 협정', 그리고 1950년의 '한미상호방위원조협정'을 뒤로 하고, 한국 전쟁 직후인 1953년 10월 지금의 한미상호방위조약이 체결되었다. 한미동맹은 체결 이후 지금까지 한반도의 평화와 안정에 크게 기여했음은 물론, 시간이 지나면서 군사 중심적인 동맹관계를 넘어서는 양국 간 보편적인 국가이익을 실천하는 포괄적인 동맹 관계로 발전했다. 지금도 대부분의 한국 국민들은 한미동맹이 한국의 외교안보 이익을 실천하는 데에 가장 중요한 자산이라는 점에 공감하고 있고, 또한 미국이 맺고 있는 다른 동맹 관계와는 달리 과거 최빈국과 최강국 사이에 체결되었던 동맹이 지금에 와서 글로벌 주요 이슈들에 함께 대처해 나가는 데까지 발전한 점에 상당한 자부심을 가지고 있다.

이런 배경에서 두 번째 집권에 성공한 트럼프 행정부와 새로 출범한 한국의 이재명 정부 사이에 동맹 관계의 주요 사안들이 국익을 해치는 불협화음 없이 순조롭게 해결되어야 함은 당연한 과제이다. 재집권에 성공한 자신감으로 인해 '보편성'을 확보한 트럼피즘이 '아메리카 퍼스트'를 더욱 강화할 것이라는 분석과, 미국 민주주의 자정 노력과 정당 정치의 부활로 인해 트럼피즘이 위기에 직면할 것이라는 분석이 엇갈리는 상황에서, 한국의 신정부가 직면하고 있는 현재 상황부터 살펴볼 필요가 있다. 한미동맹 이슈와 한미 간 보편적인 외교관계 이슈를 서로 분리하기가 쉽지 않지만, 본 글에서는 가능한 두 사안을 분리해서 전자의 논의에만 집중하고자 한다.

1. '외교 트럼피즘'과 거래적 동맹 관계

한미동맹 관련하여 이재명 정부가 직면한 가장 큰 문제는 '외교 트럼피즘'이다. '아메리카 퍼스트'라는 표현으로 압축되는 트럼피즘의 핵심 의미는 2차 대전 이후 '국제 공공재(International Public Goods)'의 제공을 통해 국제사회와 밀접하게 연결되어 온 미국의 대외 관계 방식을 중지하겠다는 것이다.[1] 전후 질서에서 정착 및 발전해 온 자유주의 국제질서는 특히 미국이 국제안보 영역에서 제공한 고유한 리더십으로 인해 지탱했다고 해도 과언은 아니며, 잘 알려진 바와 같이 한국은 자유주의 국제질서를 가장 효과적이고 지혜롭게 활용한 대표적인 사례로 알려져 있다. 한국처럼 국제사회와의 의존도가 유난히 높은 나라에서 미국의 '외교 트럼피즘'으로 인해 국제질서의 불안정성이 높아진다면, 한국이 입어야 할 피해는 그 어느 나라보다도 더 클 것이 자명해 보인다.[2]

미국이 국제사회를 위해 제공하는 안보역량이 얼핏 보기에는 미국에게 일방적인 비용부담처럼 보일 수 있지만, 궁극적으로 미국에게 돌아가

---

[1] A Wess Mitchell, "The Return of Great-Power Diplomacy," Foreign Affairs, Vol. 104, No. 3, May/June 2025, pp. 23-35.

[2] 예를 들어, 정부 발표에 의하면 2024년 한국의 총 GDP에서 수출과 수입 액수를 모두 합하면 90%가 넘는다.

는 다양한 이익을 생각하면 글로벌 리더십에 대한 손익 계산이 그렇게 단순하지는 않다. 물론 트럼프 대통령이 이러한 점을 모를 리가 없을 것이다. 문제는 모든 대외관계를 비용과 효용성의 관점에서 접근하는 것이 미국 국민에게 확실한 이익을 보장한다는 스탠스 하에, 이러한 생각을 일관되게 실천하는 것이 트럼프 대통령의 정치적 성공을 보장해 준다고 믿고 있는 것이다. '외교 트럼피즘'으로 인한 거래적 동맹관계가 한국에 미치는 문제점은 다음과 같다.

잘 알려진 바와 같이 트럼프 대통령은 한미동맹 관계를 비용으로 접근하려는 매우 뚜렷한 입장을 가지고 있다. 동맹은 생존적 가치를 지키는 일이고, 비용은 경제적 가치를 지키는 일인데, 이 둘을 치환하려는 시도는 이해하기 어려운 부분이다. 물론 트럼프 대통령의 '비용적 동맹관'은 한국에게만 국한되는 압박은 아니고, 국제사회를 향한 전 방위적인 성격을 가지고 있다.[3] 특히 아시아의 경우 피트 헤그세스 국방장관은 지난 5월 31일 샹그릴라 안보대화에서 아시아 동맹국들이 유럽과 마찬가지로 국방비를 GDP 대비 5% 수준까지 인상해야 한다고 강력하게 촉구한 바 있다. 유럽의 다자동맹 구조와 아시아의 양자동맹 구조는 서로 군사력 운영방식 및 비용 분담 등에 있어서 직접 비교하기가 어려운 상황인데도, 트럼프 행정부의 요구는 예외를 두지 않았다.

'비용'이 가지는 포괄적 성격을 고려하면, 한미동맹의 거의 모든 사안들이 트럼프 행정부의 타깃이 될 수 있다. 주한미군방위비분담금(SMA), 주한 미군 감축, 주한 미군의 다른 미군 주둔지 투입, 주한 미군 역할의 광범위한 설정, 한국의 미국산 무기 구입, 그리고 한국의 국방비 인상은

---

[3] 'The Predatory Friend: Trump Treats Europe as Anything but an Ally," The New York Times, Apr 5, 2025.

물론 심지어는 북한 핵무기에 대한 억지 능력까지 거의 모든 사안들이 한미동맹을 둘러싼 이재명 정부의 핵심 현안으로 자리 잡고 있는 상황이다.[4] 그런데 한국의 입장에서 매우 어려운 문제를 또 하나 떠안게 되었다. 트럼프 대통령이 한국을 포함한 25개 국가를 우선 대상으로 상호관세 부과를 전개함으로써, 한국 정부와 국민들 사이에서는 자연스럽게 관세 부과에서 오는 피해를 최소화하기 위해 한미동맹의 여러 사안들을 관세와 연계시키는 전략적 고민에 직면하게 된 것이다.

동맹관계를 비용의 관점에서 접근하는 트럼프 대통령의 세계관에 의문을 제기하면서, 미국의 과다한 관세 부과를 한미동맹 이슈와 연계시키겠다는 우리의 전략이 합리적인 방안인지는 재고의 여지가 있다. 다만, 미국이 수십 개의 국가들과 맺고 있는 여타의 동맹 관계와 달리 한미동맹은 매우 포괄적이고 고유한 성격을 가지고 있으므로, 한국 정부의 입장에서 동맹과 관세를 연결하는 고민 자체는 당연스러운 측면이 있다.[5] 여기서 한 가지 분명한 사실은 동맹 관계를 경제적 이익으로 전환하려는 트럼프 행정부의 '경제 이익 환원주의' 입장을 불가피하게 일부 수용은 하되, 앞서 언급한 '외교 트럼프즘'과 '거래적 동맹 관계'라는 두 개 사안은 분리해서 접근하는 전략이 필요하다. 왜냐하면 '외교 트럼피즘'은 국제사회 전반의 안정성 문제와 연동되어 한국 외교의 포괄적인 역할과 방향성에 대한 고민이 필요한 부분이고, '거래적 동맹 관계'는 상대적으로 개별 사안별로 맞춤형(tailor-made) 대응책을 개발해야 할 필요성이 있

---

[4] 최근 한국을 방문한 사뮤엘 퍼파로 미 인도태평양사령관 역시 주한미군의 중요성을 강조하면서 인태 지역의 안정에 대한 적극적인 역할을 언급한 바 있다. 참고, 연합뉴스, "국방장관, 인태사령관 접견, 한미일 안보협력 재확인", 2025년 9월 14일.

[5] 미국의 맺고 있는 동맹 관계의 범위를 정확하게 규정하는 것은 불가능하다. 한미동맹처럼 확고한 조약 위에 기반 한 동맹은 물론 각종 안보협력, 정보교환, 군사훈련 등의 범위를 모두 포함하면, 미국의 동맹 파트너 국가는 대략 50개~60개 국가에 이른다.

기 때문이다.

예를 들어, 2024년 8월에 한미 양 정부가 합의한 SMA를 파기하고, 트럼프 대통령의 요구처럼 한화 기준으로 10조원까지 인상한다고 가정해 보자.[6] 또한 현재 명목 GDP 대비 2.3% 수준인 국방비를 단기간에 5%까지 올린다고 가정해 보자. 일부 기관에서는 올 해 한국 경제성장률을 거의 0%에 수준까지 예측하고 있는 상황에서 우리 경제가 쉽게 감당하기 어려운 큰 부담이 될 것이 분명하다. 더 중요하게는 실용외교를 표방하고 출범한 이재명 정부에 대한 국민적 지지가 크게 떨어질 가능성도 있다. 미국으로부터 상응하는 뚜렷한 대가 없이 한국 정부만이 비용을 떠안는 결과는 실용의 정신에 부합하지 않기 때문이다. 결과적으로 치밀하고 정교한 논리와 대응전략이 절실한 순간이다.

2. 한국의 이념 갈등과 트럼피즘의 결합 가능성

새롭게 출범한 이재명 정부가 안정적이고 성공적으로 한미동맹을 관리하기 어려운 또 다른 이유는 현재 한국 사회가 보이는 매우 극단적인 이념 갈등 상황 때문이다. 한국 사회가 이념적으로 분열적이고 민감한 사회라는 의미는 어떤 정책 이슈이든 이념 갈등의 소재로 전환될 준비가 되어 있다는 뜻이다.

지난 6월 3일 대통령 선거가 끝나고 한국 대통령 선거 결과에 대해 백악관이 발표한 첫 메시지는 다소 이례적이었다. 원문 그대로를 옮기

---

[6] 2025년 기준으로 한국이 분담하는 액수는 1조 5192억원인데, 이는 직접 인건비를 제외한 미국의 총비용 대비 거의 60% 수준에 육박하기 것으로 알려져 있다. 따라서 트럼프 대통령의 주장이 다른 외교거래와 연동시키기 위한 레토릭의 측면이 있다는 사실은 미 국방부 고위 관계자들도 잘 알고 있을 것이다.

면, 백악관의 첫 메시지는 이름을 밝히지 않은 관계자에 의해 "자유롭고 공정한 선거였다" 그리고 "전 세계 민주주의 국가들에 대한 중국의 개입과 영향력(interference and influence)에 대한 우려"를 표한다는 내용이었다. 그리고 얼마 후에 루비오 국무장관이 좀 더 공식적인 방식으로 축하 메시지를 내면서 "확고한(ironclad) 한미동맹을 확인하고 일본과의 삼자협력의 중요성을 강조한다"는 입장 표명이 있었다. 한미동맹은 미국의 국가이익에도 중요한 핵심 외교 어젠다라는 점을 고려할 때, 백악관에서 나온 미국의 첫 메시지는 다소 의아하다는 평가가 지배적이다.

많은 전문가들은 지금의 자유주의 국제질서의 위기는 바로 미국의 위기라고 지적하고 있다.[7] 전후 질서가 오랫동안 지속되면서, 미국의 입장에서 외교안보에 투입할 자원이 점차 고갈되는 건 어쩌면 당연한 일이다. 국제사회에서 미국의 역할이 변화하면서 새로운 글로벌 거버넌스의 구축과 다자질서의 재편에 대한 건설적인 고민이 트럼피즘의 발생과 함께 병행되었다면, 트럼프 행정부 2기에 대한 국제사회의 지지와 응원이 잇따랐을 것이다.

어느 사회나 정도의 차이가 있을 뿐, 이념적으로 양분되는 건 자연스러운 일이다. 그런데 이념적 대립을 가르는 사안이 무엇인가가 중요한 문제인데, 유럽 국가들이 이민자, 환경, 에너지 문제 등으로 나눠지고, 미국이 군대 내에서의 동성 연애, 총기 소지, 낙태 등으로 소위 미국식 좌우가 갈린다. 반면 한국은 단언컨대 한미관계와 북한문제가 이념 대립의 한 가운데에 서있다. 이런 연유에서 한미동맹이나 북한문제는 한국에서 대통령 고유의 어젠다로 간주하는 경향이 강하다. 지난 8월 25일(미국

---

[7] Michael C. Williams, "The Crisis of the Conservative International Order," International Affairs, Vol. 101, No. 3(May 2025), pp. 947–65.

시간) 워싱턴 D.C.에서 열린 이재명 정부 이후 첫 한미정상회담은 양국 간 산적한 문제들을 어렵싸리 봉합은 했지만, 한미동맹의 확실한 비전과 해법을 제시하지는 못했다. 소위 '포에버 협상시대'를 맞아 두 정상이 큰 틀에서의 합의에만 이르렀을 뿐, 대부분의 사안들을 향후의 협상으로 남겨 놓은 바 있다. 그런데, 두 번째, 세 번째 정상회담을 상상해 보자. 예를 들어 트럼프 대통령과 밴스 부통령이 우리 대통령을 향해 '전작권을 가져가면 북한 핵문제에 더 잘 대처할 수 있느냐, 전작권을 가져가면 최근 더욱 밀착된 북중러 군사협력에 더 효과적으로 대처할 수 있냐, 태평양 연안에 위치한 미국의 모든 동맹국들이 지역 안보에 적극 동참하고 있는데, 왜 한국만 모호한 태도로 나오느냐'고 재촉해서 질문한다면, 이념적으로 들끓을 준비가 되어 있는 우리 국민들이 어떤 반응을 보일지 너무도 쉽게 예상할 수 있다.

매사에 열정적이고 다이나믹한 한국 사회는 이재명 정부의 입장에서 핵심 국가 어젠다를 강력하게 추진할 중요한 에너지 원(源)이기도 하지만, 동시에 한미동맹의 차원에서만 보자면, '외교 트럼피즘'의 등장과 맞물려 한미 간의 정책 조율에 큰 걸림돌이 될 수도 있다. 이재명 정부는 이러한 부분까지 꼼꼼하게 대비하면서, 현재의 외교 위기를 슬기롭게 극복해야 할 것이다.

II
한국의 국가이익과 정책 목표

1. 한국의 국가이익과 한미동맹

　이상과 같이 한미동맹 관련하여 한국이 처한 현황을 살펴봤고, 이어서 이재명 정부의 외교안보정책 방향성에 대해서 살펴보겠다. 그러기 위해서는 한국이 추구하는 국가이익의 본질적인 내용이 무엇인가에 대한 정의가 선행되어야 할 것이다. 국가이익을 정의하는 방식은 연구자들마다 다르다. 대표적으로 지역적으로 접근하는 방식이 있고 또한 정책 영역 차원에서 접근하는 방식이 있다. 미국과 같이 국가이익이 지역적으로 전 세계를 포괄하는 까닭에 사활적(survival) 이익, 절대적(critical) 이익, 중요한 이익 등으로 구분하면서 두 가지 방식을 통합해서 접근하는 경우도 있다. 한국은 북한 문제의 중요성으로 인해 한반도 차원의 이익을 중요하게 상정하지 않을 수 없는데, 전문가들은 이 경우 한국이 동북아 지역 안에 매몰될 수 있는 가능성에 대해 또한 우려를 표하고 있다. 따라서 지역적 접근을 중심으로 하되, 내용적으로 지역적 구분의 굴레에 갇히지 않는 지혜가 필요해 보인다.

　한반도 차원의 국가이익은 대내적 차원에서 실현해야 하는 국가이익이 있고, 북한을 포함한 한반도 전체 수준에서 실현해야 할 국가이익이 있다. 대내적 차원의 경우, 아시아 지역 전체에서 산업화와 민주화에 성공한 일본과 함께 유이(唯二)한 국가로서, 지속적인 민주주의 공고화와 세계 최고 수준의 경제성장을 이룩해야 하는 미래 지향적인 이익이 있다. 이 과정에서 소위 '한국형 복지국가 모델'의 정립에도 성공해야 할 것이다. 한반도 전체 수준으로 확장시켜 보면, 북한을 상대로 적극적인 관여정책과 비핵화정책을 전개하여 남북관계의 발전을 도모하고, 궁극적으로 한반도에서 평화통일이라는 숙명적 과제를 달성해야 한다.

다음으로 동북아 차원의 국가이익의 경우, 한국은 '동북아 국가'로서의 정체성을 분명히 가진다. 미국, 중국, 일본을 포함하여 세계 어느 국가도 동북아적 이해관계는 가지지만, 스스로를 동북아 국가로 규정하지는 않는다. 따라서 동북아 지역의 안정성은 한국의 국가이익에 절대적인 전제조건으로 작용하고 있다. 동북아 역내 국가들 간 현재와 같은 경제사회적인 교류가 정치군사적인 신뢰로 전환되지 않을 것이라는 전제 하에, '동북아 공동안보대화'와 같은 지역 안보 레짐의 형성은 우리의 국가이익과 맞닿아 있다. 미일동맹은 여전히 매우 공고한 수준에서 진행되고 있으며, 한국보다 외교안보에 투입할 자원이 풍부한 중국과 일본은 서로 외교적 타협을 이루기 어려운 구조이다. 따라서 안보는 물론 다양한 정책 영역에 걸쳐 지역안보레짐이 생겨나도록 우리 정부가 주도적인 역할을 담당해야 한다.

글로벌 차원에서 우리가 실현해야 할 국가이익은 역설적이게도 우리나라의 동북아국가로서의 정체성에서 비롯된다. 우리를 둘러싸고 있는 역내 국가들은 한국과 비교가 되지 않을 만큼 강력한 국력을 보유하고 있고, 이러한 현실은 우리의 외교안보적 활동이 동북아에 함몰되어서는 안 된다는 사실을 강조하고 있다. 핵심 외교자산인 한미동맹을 더욱 발전시킴은 물론, EU 및 아세안과 같이 활발한 지역협력이 작동하고 있는 지역을 목표로 한 외교안보적 통로를 항시적으로 확보해야 한다. 특히 한반도 문제 해결이라는 차원에서, 미중과 비교하여 정치적 민감성이 떨어지는 역외 국가들을 적극 활용하여 대북한 관여정책을 본격화 하는 전략은 매우 중요한 과제이다.[8] 이러한 노력은 국제사회에서 한국의 고유한 글로벌 역할로 이어질 수 있을 것이다.

2. 이재명 정부의 '실용외교'와 한미동맹

위에서 설명한 한국의 본질적인 국가이익과 함께, 이재명 정부는 '실용외교'라는 외교 플랫폼을 강조하고 있다. 실용외교 등장의 배경에는 핵심적으로 두 가지 점을 고려했을 것으로 짐작된다. 우선 경제성장의 모멘텀을 살려내야 하는데 한국과 국제사회 사이의 높은 상호의존성을 고려할 때, 적극적인 외교정책을 통해 경제 활성화라는 국가의 실용적 이익이 확보되어야 한다는 판단이 있었을 것이다. 또한 앞서 언급했듯이 현재 한국 사회가 보이는 과다한 이념 논쟁의 폐해를 의식해서, 중요한 외교안보 사안은 국내 정치적 이념논쟁에서 벗어나야 하는데, 그러기 위해서는 외교 실용주의라는 입장이 전략적으로 중요하다고 판단했을 것이다.

실용외교라는 스탠스는 대체로 올바른 방향성으로 판단되고, 국민적 지지를 확보하기에도 충분한 논리적 근거를 가지고 있다고 생각한다. 그런데 이재명 정부 실용외교의 성공을 좌우할 가장 중요한 포인트는 한미동맹이 '외교 트럼피즘'의 희생양이 되느냐 그렇지 않느냐의 여부에 달렸다. 한미동맹이 한국 외교안보정책의 가장 중요한 자산이라는 사실을

---

[8] 북한이 정치적으로 민감하게 반응하지 않을 대북 관여국가로는 베트남을 포함한 대부분의 동남아 국가, 인도, 유럽 일부 국가 들을 꼽을 수 있다.

고려할 때, 당연한 부분이지만, 한편으로는 역설적인 측면도 있다. 우리 국민들의 판단에 의하면, 상호관세를 포함하여 국방비 증액과 같은 트럼프 행정부의 강력한 요구에도 불구하고, 일정한 수준의 요구에는 효과적으로 응하면서, 동시에 한미동맹의 핵심 가치인 한반도 평화와 대북한 억지에는 성공하고, 한 발 더 나아가 그러한 평화와 안정이 한국의 대외 경제 활동과 성장 동력 확보로 이어져 한국의 국가이익 실현에 기여한다면, 이러한 프로세스야 말로 '실용외교'의 요체가 아닐 수 없다.

따라서 무엇보다도 한미동맹이 트럼피즘의 희생양이 되지 않도록 해야 하는데, 현 시점에서 관련하여 두 가지 점이 우려로 다가온다. 첫째, 트럼프 대통령에게 미국 외교의 모든 초점은 '중국'에 맞춰져 있다고 해도 과언이 아니다. 그런데 지난 대통령 선거 기간 및 이재명 정부 국정과제에 의하면 한중관계의 복원이 중요한 외교 어젠더로 제시되었고, 이러한 부분은 앞서 언급한 대통령 선거 직후에 나온 백악관 관리의 발언과 맞물려 실용외교의 입지를 좁히는 부담이 될 수 있다는 점이다. 둘째, 러·우 전쟁에 3만명 가까이 파병한 북한이 전례가 없이 북러 군사동맹을 강화하고, 중국의 외교적으로 미온적인 태도와는 무관하게, 결과적으로 북중러 연대 강화는 당분간 지속될 것이다. 중국이 지금까지 북러 밀착에 한 발 물러섰던 스탠스와는 달리 지난 9월 3일 전승절 행사에서 보여준 '북중러' 삼국 정상 간 회동은 '외교 트럼피즘'에 맞선 중국의 전략적 계산을 잘 보여주고 있다. 이렇게 되면 한미동맹은 의도하지 않게 과거 냉전기와 유사한 기능으로 회귀할 가능성이 높아진다. 즉, 냉전 종식 및 북방정책의 성공으로 한반도 안보 구조를 구성하던 한 축인 주변 강대국 간 대결 구두가 무너졌는데, 탈냉전 30여년 만에 북한이 러우 전쟁에 매우 적극적으로 참여하고, 트럼프 대통령의 대중국 공격이 첨예화 되면서, 비록 과거와 동일하지는 않더라도, 예전의 냉전 시기에 작동한 한반도 안보 구조의 국제적 축이 다시 복원되는 듯한 상황을 빚어지고 있는 것이다.

결론적으로 얘기해서, 이재명 정부의 실용외교는 한미동맹과 결합해야 한다. 그러기 위해서는 아이러니컬하게도, 트럼피즘의 일정 부분은 한미동맹과 연동되게 만들고, 트럼피즘의 또 다른 일정 부분은 한미동맹으로부터 격리시켜야만 한다. 우리의 입장에서 매우 어려운 전략이 아닐 수 없고, 결국 트럼피즘에 대한 효과적인 대응과 한미동맹 강화 사이에서 균형이 매우 중요한데, 그러한 균형의 핵심은 한국 정부가 군사비용에서 얼마를 양보하고, 대신 트럼프 행정부가 관세 부과에서 얼마를 양보하고 하는 등의 '액수의 균형'이 아니라, 한국과 미국이 동맹관계를 통해 서로의 고유한 이익을 확보하는 '이익의 균형'이어야 하고, 그러한 한미 간 '이익의 균형'을 실천하기 위해서는, 우리 외교가 분명한 목표와 이익 위에 일관된 원칙으로 정립될 때에만 가능하다는 점을 명심해야 할 것이다.

III
핵심 정책 4가지 제안

1. 한미동맹만의 '안보-경제 연결 모델'을 개발하자.

현 시점에서 '안보 사안'과 '경제 사안'을 연결한다는 것은 한 마디로, 트럼프 행정부의 관세 부과를 포함한 무역 공세에 효과적으로 대처하게 위해서, 한미동맹 차원에서 한국의 비용 부담을 늘리겠다는 교환 효과를 의미한다. 그런데 기본적으로 한미동맹 관계에서 이런 방식의 '안보와 경제의 연결'은 바람직하지 않다. 이론적으로는 국가이익의 안보적 측면과 경제적 측면이 다양한 형태로 연결 및 결합할 수 있다. 예를 들어, 미일동맹은 대표적인 안보-경제 결합형 군사동맹 관계이고, 유럽의 다자안보 모델의 경우에도, 나토 안에서 유럽 내 국가들 간 안보-경제 간 연결을 다양하게 보여주고 있다.[9] 하지만 한국의 경우 한미동맹은 전시작전통제권 문제를 포함하여 전 세계에 유례가 없는 남북한 간 군사 대치 상황을 안고 있다. 따라서 안보 정책 영역의 이익은 해당 정책의 고유한 전략적 고려에서 실현되어야지, 다른 정책 영역의 이익과 교환을 상정하는 것은 바람직하지 않다.[10]

---

[9] 참고, Nele Marianne Ewers-Peters, *Understanding EU-NATO Cooperation* (London: Routledge, 2021).

[10] 한편 최근 '경제안보'라는 표현이 하나의 고유한 정책 영역을 상징하는 것처럼 알려져 있는데,

우리 정부가 트럼프 대통령의 상호관계 부과에 직면하여, 초기 단계에는 국방비 관련한 부분과 관세 문제를 구체적으로 연계시킬 것처럼 얘기하다가, 시간이 지날수록 안보-경제 연계의 수준을 관세와 무역의 원활한 협상을 위한 동력 유지 수준으로 한정한 것은 시사하는 바가 크다. 내용적으로는 복잡한 고민할 수 있겠으나, 표면적으로는 한미동맹이 지나치게 경제와 연결되는 것이 부담스러웠을 것으로 판단된다. 특히 우리보다 한 발 앞서 관세 협상을 타결한 미일 무역협상 역시 중요한 참고 사례가 되었다.

다만, 향후 트럼프 2기 행정부 내내 동맹 관계에서 방위비분담금 및 국방비 관련한 안보-경제 간 연결 상황이 자연스럽게 발생할 수 있는데, 이러한 경우 하나의 중요한 대원칙이 사전에 정립되어야 할 것이다. 그것은 바로 한미동맹 관계에서의 안보-경제 연결은 '안보이익과 경제이익'이 서로 상쇄되는 것을 의미해서는 안 된다는 점이다. 즉, 지금의 경우를 예로 들자면, 미국 행정부가 한국을 향후 예상보다 더 낮은 관세를 적용하고, 그 대신 한국 정부가 국방 예산 인상 및 방위비분담금 확대 조치를 취한다고 하자. 이때 전자의 경우는 한미 양국 사이에 손익계산을 따지는 일이 가능하지만, 후자의 경우는 한미 양국의 손익계산을 상정하는 건 바람직하지 않다. 특히 후자의 경우, 미국이 '동맹 현대화'의 이름 아래 주한미군의 역할과 운영을 언제든 자의적으로 규정할 가능성이 있는 상황에서, 또한 트럼프 행정부의 대북 정책이 큰 틀에서는 평화적 관여주의를 표방하고는 있지만, 언제 어떤 상황에서 돌변할지 예측하기 어

원래는 경제정책을 안보 영역을 다루듯이 중요하게 접근하자는 의미이지, 경제정책을 안보의 문제와 동일시하자는 의도는 아니다. 왜냐하면 안보는, 특히 한반도 차원에서, '제로섬 게임' 차원의 생존적 의미를 가지지만, 오늘날 경제는 '상호의존적 게임' 차원의 이익 극대화라는 의미를 가지기 때문이다.

려운 상황에서, 안보와 경제를 직접적인 교환의 대상으로 설정하는 일은 현실적으로 불가능하다.

결론적으로 트럼프 행정부를 대상으로 한국에게 부과할 경제적 압박을 완화시키고, 그 대가로 한미동맹 내에서 한국 정부가 더 큰 부담을 지는 방식으로 미국의 이해관계를 상쇄시키고자 한다면, 그러한 일련의 프로세스로 인해 한미동맹의 고유한 목표인, 한반도 평화 유지 능력과 대북 억지 역량이 더 강화될 수 있다는 점이 분명하게 설명되어야 할 것이다. 예를 들어, 방위산업 공동 연구를 통한 무기력 향상, 미해군 함정 수리 담당을 통한 글로벌 방산역량 강화, 한국 내 항공 및 공항 인프라 개선을 통한 전반적인 연합능력 향상 등을 생각해 볼 수 있다. 그래야만 이재명 정부의 실용외교는 성공할 수 있을 것이다.

2. 미국의 '동맹 현대화'에 공격적으로 대응하자: 국방비 및 SMA 증액의 문제[11]

이재명 정부의 성공적인 한미동맹을 위해 제안하는 두 번째 정책은 미국이 주도하는 '동맹 현대화' 담론에 적극적으로 대응하자는 것이다. 미국이 내세우는 동맹 현대화는 결국 한국을 포함한 대부분의 동맹 파트너 국가의 입장에서는 비용의 문제이다. 먼저 '전작권 전환'의 경우, 지난 7월 10일 이재명 정부의 첫 국가안전보장회의(NSC)에서 전작권 전환 관련 논의가 있었다는 내용이 언론을 통해 공개되었다. 이재명 대통령이 이번 선거는 물론 2022년 대선에 참여했을 때도 공약으로 제시했던 내

---

[11] 우리 사회에서 오래전부터 전작권 '전환' 혹은 '환수'의 표현 중에서 어떤 용어를 사용하느냐의 문제는 이념적 논쟁의 영역으로 옮겨갔다. 본 글에는 이러한 논쟁과는 전혀 무관하게, '전환'이 좀 더 가치중립적인 표현이라는 판단 하에, '전작권 전환'으로 표현을 사용하고자 한다.

용이라, 다수의 국민들은 충분히 예상하고 있는 부분으로 판단된다. 알려진 바와 같이, 2006년 노무현 정부의 요청으로 2012년 전환이 정해졌었지만, 2010년 이명박 대통령이 미국과의 논의를 통해 2015년으로 한 차례 연기했고, 2014년 박근혜 정부 시절 '조건에 기초한 전환 결정'이라는 전제가 생기면서 또 다시 연기된 바 있다. 지난 2018년 문재인 정부 시절에는 전작권 전환을 위한 한미연합사 재편과 관련한 한미 간 합의가 있었다.

이재명 정부는 두 가지 핵심 외교안보 목표를 내세우고 있는데, 공약을 그대로 옮겨보면 '한반도평화와 대북억지의 공존' 그리고 '굳건한 한미동맹 기반 위에 전작권 환수 추진'이 그것이다. 그렇다면 전작권 전환을 추진하되, 스스로 내건 공약의 차원에서 두 가지 문제를 해결해야 한다. 첫째, 전작권 전환이 '평화-억지의 공존'에 어떤 형태로든 도움이 되어야 한다는 점이다. 전환 이후의 연합사 재편 등 상세한 준비가 되어 있으니, 비록 초기에 예기치 못한 문제가 발생하더라도 최초 계획에 맞게 함께 노력하면 된다. 그런데 1) 미국 정부가 주한미군이 이제 한국군의 지휘에 따르게 되었으니, 전환이 최종적으로 이뤄지기 전에 주한 미군의 역할을 대만 문제나 동아시아 안보 등 지역 임무로 확장시키는 것을 공식화 하겠다고 주장하는 문제가 있을 수 있고, 또한 2) 북러 군사밀착 등으로 자신감을 가진 북한이 이재명 정부의 억지력을 테스트하는 차원에서 도발을 일으킬 가능성이 있을 수 있다.

전자의 경우, 이재명 정부는 주한미군은 한반도 평화라는 동맹 최초의 목적에 충실해야 한다는 입장을 분명히 표명해야 한다. 이러한 표명은 미국의 아시아 전략에 부담을 주기 위해서가 아니라, 한반도 안보와 동아시아 안보 사이에 작동하는 긴밀한 연계 작용에 주목하면서, 한미동맹의 한반도적 임무 충실이 궁극적으로 지역 안정에 더 도움이 된다는 점을 강조해야 한다. 동시에 한미 간 안보 이익 공감대를 전제로, 동아시아 역내의 다른 안보 사안은 별도의 틀에서 논의하자는 입장을 분명히 해야 할 것이다.[12] 한편 후자의 경우, 속단은 어려우나, 북한은 지난 7월 1일부터 '원산갈마 해안관광지구'를 개장하고 김정은 위원장이 직접 러시아 고위 관료를 초청하는 등 북한식 개방과 경제발전에 주력하는 점을 고려할 때, 우크라이나 전쟁 참여 시점부터 제기되었던 '글로벌 사우스' 외교 전개를 본격화하는 것이 아닌가 하는 전망이 제기되고 있다. 이런 논리에서 북한 스스로 당분간 어떤 형태로든 도발을 일으킬 가능성은 낮아 보이고, 오히려 이런 모멘텀을 이재명 정부가 어떻게 이어나가느냐에 대북정책의 모든 에너지를 투입해야 할 것이다.

그럼에도 불구하고 여전히 남아 있는 한 가지 큰 걱정은 미국은 지난 3월 말 국방부 내부 문건 차원에서 언론에 일부 공개된 '잠정국방전략지침'(INSDG)에서 중국의 대만 침공과 본토 방어를 최우선 과제로 삼고, 다른 위협은 동맹국들에 맡기겠다는 구상을 내놓은 부분이다.[13] 조만간 공개될 트럼프 행정부 2기의 국가안보전략 내용에 초점을 맞추고 만에 하나라도 주한미군의 역할에 대한 한미 간 논의가 동맹의 불안요인이 되지 않도록 이재명 정부의 총력 외교가 필요해 보인다.

비용의 문제는 두 가지만 설명하도록 하겠다. 우선 트럼프 행정부의 국방비 인상 요구는 자명해 보이고, 여기에 어떻게 대처해야 하는가의

---

[12] 한편 이와는 별도로 전환을 위해서는 한미 간에 기(旣) 합의한 조건을 충족해야 하고, 그러기 위해서는 연합훈련이 필수적이라는 일부 세력의 지적에도 합리적인 대안을 준비해야 할 것이다.

[13] 미국에서는 통상 새로운 행정부가 들어서고 6개월 경과를 전후한 시점에서 국가안보전략보고서(National Security Strategy Initiative)가 공개되는 것이 일반적인데, 예외도 있어서 트럼프 행정부 2기의 경우 그 시점과 내용에 있어서 정확한 판단이 어려운 부분이 있고, 대체로 2025년 10월말 전후로 공개될 것으로 알려져 있다. 본 문건의 경우 미국방부가 공개를 목적으로 한 것은 아니고, 언론의 취재에 의해 일부 공개된 것이다. 참고, INSDG: Interim National Defense Strategic Guidance

문제만 남아 있다. 2025년 기준 우리나라의 국방비는 국가총생산(GDP) 대비 약 2.3%인 61조 5878억원이고, 국방비의 구성은 거시적으로 봐서 전력운영과 방위력개선이 핵심 내용인데, 전자의 경우 글자 그대로 인건비와 무기체계 운영비용을 의미하고, 후자는 대부분 신규 무기획득 비용을 뜻한다.

현재 트럼프 행정부가 대부분의 동맹 국가들에게 요구하는 국방비 5% 증액 관련하여, 기본적으로 군사력 운용 기준이 우리와 다른 일본 및 집단안보체제이면서 대부분 2% 미만의 국방비를 지출하는 나토 국가들의 경우를 직접 비교하는 것은 맞지 않는다. 방위산업 육성이나 국내 각종 항만 시설 등과 같은 항목을 '간접 국방비' 개념에 포함시켜서 미국과의 협상에서 활용할 필요가 있고, 국방비 인상을 매해마다 구체적인 목표와 연계시켜서 추진함으로써, 트럼프 행정부가 끝나는 2028년까지의 인상분과 그 이후의 인상분을 구분해서 접근하는 방법이 또한 한국에 유리하다고 판단된다. 그리고 무엇보다도 전작권 전환 완료가 진행될 경우, 국가 예산의 각 영역에서 북한 관련한 예기치 못한 항목이 발생할 수 있는데, 이러한 항목을 한국적 차원의 광의의 국방비로 미국을 설득하는 전략도 필요해 보인다.

다음으로 주한미군 '방위비분담금특별협정(SMA)'은 글자 그대로 한국에 주둔하는 2만8500명의 미군 운영에 드는 비용을 우리 정부가 일정 부분 분담하는 약속이다. 미군에 대한 직접 인건비를 제외한 나머지 항목들에 대해 우리 정부가 분담하는 구조인데, 대부분 주한미군 부대에 근무하는 한국인 군속의 인건비 및 각종 군장비의 정비에 드는 비용이 여기에 해당한다. 앞서 언급한 대로 2025년의 경우 한국이 1조 5192억원을 분담하고 있다. 그런데 트럼프 대통령이 수차례 주장했던 한국 정부의 100억달러(13조) 인상은 현실적으로 불가능하다. 항목 처리에 따라

조금씩 계산이 다를 수는 있지만, 앞서 지적했듯이 현재 우리가 지출하는 분담금은 주한미군 주둔 비용의(인건비 제외) 약 60% 수준에 이르는 것으로 알려져 있기 때문이다.

따라서 현실적인 인상 방안으로는, 위기 시 한반도에 전개되는 전략자산의 비용 등을 새로운 항목으로 추가해서 요구할 가능성이 있다. 그렇다고 하더라도 신규 항목으로 인한 증가분이 한국 경제구조 안에서 지출이 순환되도록 하는 지혜는 얼마든지 모색할 수 있다. 한편, 미일동맹의 경우 일본은 항목별로 방위비분담금을 미국에게 지불하는 구조인 반면, 주한미군의 경우 협상도 총액 기준으로 하고, 실제 지불도 총액 기준으로 진행되고 있다. 미국의 입장에서 일본의 방식보다는, 총액을 다루는 한국 모델의 협상을 더 선호하기 때문에, 이 점 역시 우리에게는 활용의 가치가 있다. 마지막으로 '방위비'는 어떻게 정의하느냐에 따라 한국 내의 모든 산업 인프라가 유사 시 모두 방위에 활용될 수 있다는 점에서, 이미 우리는 실제 지급액보다 더 많은 방위비를 지출한다고 해도 틀린 말은 아니다. 이러한 점을 두루 이재명 정부가 협상 수단으로 지혜롭게 활용해야 할 것이다.

병렬형 동맹 체계인 미일동맹은 물론이고 32개 회원국이 함께 참여하는 나토의 집단방위체제와는 달리, 한미동맹은 그동안 세계에서 독보적인 연합군사능력을 과시하면서 자신감을 유지해 왔다. 우크라이나전쟁과 이스라엘·하마스 전쟁에서 확인하듯이, 오늘날 군사력의 개념은 영토적 개념을 이미 뛰어넘어, 네트워크화 및 분업화가 정교하게 전개되고 있다. 향후 한미동맹 역시 한미 간 전통적인 군사협력과 시공간을 뛰어넘는 협력구조의 병행 발전을 추진함으로써, 이재명 정부의 '실용외교' 실현에 부합해야 할 것이다.

3. 인태전략의 포괄적인 점검과 재조정이 필요하다.

세 번째로 제안하는 정책 내용은 지난 정부에서 모든 외교안보 자원을 투입했던 한국의 '인도태평양전략'이 재조정되어야 한다는 점이다. 잘 알려진 바와 같이 인도태평양전략은 과거 트럼프 행정부 1기 시절 '인도태평양 구상(Initiative)' 차원에서 논의되다가, 바이든 행정부가 들어서면서 '전략(Strategy)' 단계로 발전했고, 결과적으로 미국의 가장 중요한 외교안보전략으로 자리 잡았다. 트럼프 대통령이 재집권에 성공하면서 인태전략이 대체로 계승될 것이라는 분석이 지배적이긴 하지만, 아직까지 트럼프 행정부 2기에 들어 이 부분에 대한 구체적인 내용의 공식 발표는 이뤄지지 않고 있다.

국가안보 차원에서 개별 국가가 스스로의 지역적 정체성을 어떻게 설정하느냐는 사활적 차원의 문제이다. 대체로 한국 정부는 지금까지 동아시아 혹은 동북아 차원에서 우리의 지역적 정체성을 강조해 온 전통이 있다. 간략하게 언급하자면, 노무현 정부의 '동북아균형자론', 이명박 정부의 '신아세아정책', 박근혜 정부의 '동북아평화협력구상', 문재인 정부의 '신남방 및 신북방 정책' 등은 모두 이러한 맥락에서 설명된다. 그런데 지난 정부에서 동아시아 혹은 동북아 차원의 외교전략적 맥락은 사라지고, 모든 외교정책은 2022년 10월에 발표된 한국의 '인도태평양전략'으로 집중되었다.[14] 참고로, 지금부터 대략 약 10여년 전 인도태평양 지역 안보 관련한 전략 구상이 처음 등장할 때, 미국과 함께 고민하고 관련 아이디어를 공유했던 일본과 호주를 제외하곤, 전 세계 어떤 나라도 자국의 외교안보전략으로 '인도태평양전략'이라는 이름을 채택한 나라는

---

[14] 외교안보연구소, 『인도태평양전략 구상 추진방향』, 2022.10.18.

없다. 한국이 유일한 사례였다.

지난 3년 동안 한국의 모든 외교안보정책을 설명했던 인태전략이 재점검되어야 한다는 말은 당연히 미국의 전략 관점에서 한미 간 외교관계를 이해하고 접근하는 것이 중요하지 않다는 의미가 아니다. 한 마디로 한국의 외교안보적 정체성을 고려하는 게 무엇보다도 우선시 되어야 하는데, '인태전략'이라는 틀은 한국의 국가이익이 충분히 구현되기에 부적절한 측면이 있다. 인태전략으로의 몰입은 결과적으로 중국과 러시아와의 관계 개선을 어렵게 만들고, 북한 문제를 다루는 데 있어서도 한국 정부의 자율성을 확보하기 어렵게 만든다. 심지어는 동남아시아, 인도, 중앙아시아 등 경제적으로 중요한 한국의 외교 파트너 국가들과의 관계 강화에도 적잖은 걸림돌이 될 수밖에 없다.

한편으로는 한국의 인태전략이 동아시아 및 동북아 지역에서 머물던 한국의 지역적 정체성을 확장시키는 효과를 가져와서, 더 큰 국가이익 창출로 이어질 수 있다는 주장 역시 어느 정도의 설득력을 가지고 있기는 하다. 하지만, 그러한 주장이 관련 분야의 전문가들과 일반 국민들로부터 지지를 받기 위해서는 인태전략이 한국의 창의적인 노력에 의해서 개발되었어야 할 것이다. 지난 정부와 같이 미국의 인태전략을 대부분 수용하고, 한국의 버전으로 일부 내용을 조정했다고 해서, 인태전략이 한국의 국가안보 이익을 적극적으로 보장해 줄 수는 없을 것이다.

아직 이재명 정부가 한국의 외교안보이익을 어떤 지역적 개념과 틀을 통해서 실천의 토대로 삼을 것인지 밝혀지지 않았다. 물론 이 전 정부의 인태전략에서 계승해야 할 부분, 예를 들어 한미일 협력의 중요성 등과 같은 사안들은 적극적으로 수용하면서, 동시에 한국의 고유한 국가 정체성이 보다 적극적으로 반영된 외교안보전략이 수립되어야 할 것이다.

4. 국제사회에서 '한미동맹 플러스'형 다자외교를 견인하자.

이재명 정부에게 제안하는 네 번째 정책은 '한미동맹 플러스'형(型) 다자외교를 적극 시도하라는 것이다. 과거 냉전 시절 한국 외교의 중심에는 언제나 한미동맹이 자리 잡고 있었고, 결과적으로 한국은 양자외교를 중심으로 국가 역량을 집중하는 경향이 강했다. 한국의 외교 관계가 오랫동안 미국과 일본을 중심으로 전개되었던 까닭에 지금도 한국 정부의 외교는 양자외교에 강한 전통을 가지고 있다. 그러나 냉전 종식 이후 세계화를 맞이하면서, 노태우 정부가 주도한 북방정책의 성공과 김영삼 정부의 강력한 '세계화' 드라이브로 인해 다자외교 무대에 적극적으로 참여하게 되었고, 지난 30여년의 세계화 시간 속에 다자외교 분야에서 상당한 성공을 거둔 것이 사실이다.

한편 우리는 다소 독특한 외교 관계 방식을 구축해 오고 있는데, 바로 국제정치에서 흔히 '원 플러스 다자'로 알려져 있는 '한국 플러스 다자외교'의 방식을 다양하게 전개해 왔고, 그 성과도 상당하게 축적해 왔다. 예를 들어, '한·아세안 정상회의' '한·중앙아 정상회의' '한·아프리카 정상회의'와 같은 사례들이 여기에 해당한다. 그렇다고 해서 한국이 구축한 '원 플러스 다자외교'의 성과가 상대적으로 개도국에게만 집중된 것은 아니고, 어떤 의미에서는 'G7 정상회의'나 '나토정상회의'에 초청되는 경우에도 '한국 플러스 G7' 및 '한국 플러스 나토'와 같은 개념으로 접근해서, 외교안보적 이해관계를 실천하려는 경향을 이미 보이고 있다.

이러한 한국 외교 특징의 연장선에서 이재명 정부는 '한미동맹 플러스 다자외교' 방식을 새롭게 전개할 것을 제안하는 바이다. 물론 이러한 외교 방식은 내용적으로는 '한미동맹 플러스'로 이해되지만, 외형적으로는 '한미동맹'이라는 이름은 부적절할 수 있고, 일반적인 차원에서 '한미 플러스 다자외교'의 방식이 되어야 할 것이다. '동맹 관계'는 유기체적 성격의 정체성을 가지고 있어서, 그 정체성이 지속적으로 변화하고 발전할 수밖에 없다. 한미동맹만의 고유한 어젠더 발굴이 중요하다는 의미인데, 예를 들어 미군의 해외 주둔이 두드러진 일본, 독일, 폴란드, 터키, 등을 상대로 '한미 플러스 미국 동맹 파트너국가들'과 같은 그룹의 형성을 생각해볼 수 있다. 방위비분담금이나 국방비 인상과 같은 미국의 요구에 함께 정보를 공유하고 방안을 모색하는 외교적 논의의 틀이 될 수 있고, 또한 한국의 경우 주한미군 성격을 대중국 봉쇄로 전환시키려는 트럼프 행정부의 의도에 일정 부분 대처하는 효과도 기대할 수 있을 것이다.

이외에도 '한미 플러스 동아시아국가'와 같은 내용도 생각해 볼 수 있다. 동아시아는 유럽은 물론 중동이나 아프리카 지역보다도 지역주의가 저발전된 것으로 알려져 있다. 미국은 동아시아 지역주의 발달에 대해서 때로는 환영의 입장을 또 때로는 반대의 입장을 보이면서 애매한 태도를 취하고 있고, 동시에 동아시아 역내 국가들은 미국의 이런 태도에 불만을 표하기도 한다. 여기에는 동아시아 지역주의가 중국의 부상에 도움이 된다는 미국의 기본적인 시각이 깔려 있기 때문인데, 이러한 관점에서 싱가포르, 베트남, 말레이시아 등과 같이 미중 경쟁에 상대적으로 민감하게 노출된 국가들과의 협의를 통해 미국과 동아시아 국가의 정치적 부담을 모두 덜어주는 효과를 기대할 수 있을 것이다.

트럼프 대통령은 기본적으로 다자외교, 국가들 간 제도주의, 국제기구 등에 관심이 없는 것으로 알려져 있다. 바로 이러한 점이 '외교 트럼피즘'의 핵심이라고 해도 과언은 아닌데, 어떤 형태로든 '한미 플러스 다자외교'의 진척이 이뤄진다면, 한미 모두에게 의미 있는 외교적 실효성을 가져다 줄 것으로 예상된다. 트럼프 대통령이 다자외교에 관심을 가지게 만들 수는 없으나, 다자외교 무관심으로 인해 발생하는 손실을 예방하는 데에는 큰 도움이 될 것이다.

Ⅳ
정책 추진 시 주요 고려 사항

1. 리더십 정체성 리스크

 이상에서 제안한 정책에 동의하면서 관심을 가지고 실제로 추진하려고 한다면, 정책 추진과 관련하여 중요한 고려 사항이 있음을 설명하고자 한다. 가장 먼저, 이재명 대통령의 리더십과 트럼프 대통령의 리더십 사이에는 비교적 큰 차이가 있다. 일차적인 언어로 표현하자면, 이재명 대통령의 리더십은 상대적으로 진보적 성향을 가진 반면, 트럼프 대통령의 경우 매우 적극적인 보수주의 경향을 보이고 있다.

 물론 한미 정상 간에 리더십의 정체성 차이에서 비롯된 어려움이 어제오늘의 일은 아니다. 필자의 판단에 의하면, 1979년 한미 정상회담에서 보인 박정희 대통령과 카터 대통령의 리더십 리스크는 궁극적으로 박정희 체제의 몰락은 물론 나아가 1980년 광주민주화운동의 배경이 되기도 했다. 또한 김대중 정부 시절 미국의 부시 대통령과의 마찰도 한미동맹에 부정적인 영향을 미칠 수 있는 사안이었다. 하지만, 돌이켜 보면 한미동맹 간 양국의 호혜적인 이익은 특정 대통령으로 상징되는 리더십 간의 관계가 아니라, 한국과 미국이 각각 보편적으로 추구하는 국가이익 간 관계에서 비롯되어야만 한다.

 결과적으로 이재명 대통령과 트럼프 대통령의 이념적 정체성 및 관점의 차이에서 비롯되는 리더십 간 불협화음은 있을 수 있지만, 한미동맹을 관통하는 양국의 이익 공감대에는 문제가 있어서는 안 될 것이다. 따라서 이재명 정부는 한미 간 리더십 정체성 리스크 문제를 가능한 수면 하에서 조정하고, 트럼프 대통령의 관점을 외교적으로 수용하려는 입장이야 말로 진정한 실용외교의 실천이라는 점을 이해해야 할 것이다.

2. 관세전쟁의 향배와 미국 국내 정치

지난 7월 22일(미국 시간)을 기준으로 미국과 일본 사이의 상호관세 협상이 최종적으로 성사되었다. 트럼프 대통령이 처음 요구했던 25% 인상과 일본 정부가 수정 제의했던 10% 인상 사이인 15% 부과에서 합의를 도출했다. 물론 일본은 미국 전문가 주도의 투자위원회에서 결정하는 투자 내용을 수용하고, 위원회 결정 이후 45일 내에 투자액 5500억불을 일시에 현금으로 지불해야 하는 등의 이해하기 어려운 합의를 받아들였다. 미국이 다수의 국가들과 전개하는 관세협상은 최초 내용에서 조금씩 변화하기는 했지만, 국제사회 대부분의 국가들은 단기적인 관점에서 미국의 요구에 대체로 순응하는 모양새이다.[15] 이런 맥락에서 트럼프 대통령은 처음 상호관세 문제를 제기할 때부터 개별 국가와의 협상을 통해 다양한 합의점을 도출하려는 의도를 가졌던 것으로 판단된다. 일단 현 시점에서 미국 발(發) 관세전쟁의 승자는 미국이라는 시각이 지배적이다.

---

[15] 물론 거시적으로는 미국 발(發) 관세전쟁으로 인해, 국제질서가 더욱 불안정해졌고, 그 틈을 파고 든 중국은 유럽 및 글로벌 사우스 국가들을 상대로 글로벌 리더십 확장에 주력하고 있다. 또한 유럽 국가들은 우크라이나 전쟁과 맞물려 새로운 유럽 안보 질서에 대한 고민을 이어가고 있는 것이 사실이다. 하지만, 현 시점에서 관세협상이라는 사안만을 떼어 놓고 보자면, 세계 경제의 매우 복잡한 상호의존적 성격으로 인해 미국의 과도한 관세 요구에 대한 불응은 결과적으로 상당한 수준에서 자국의 피해로 돌아올 수 있다는 고려가 중요하게 작용하고 있다.

특히 전 세계 주요 기업들이 관세 인상으로 인한 미국 시장 내에서의 충격을 완화하기 위해, 전 세계 시장에 걸쳐 충격의 전환효과를 적극적으로 실현하고 있기 때문인 것으로 판단된다.

하지만 시간이 지나면서 '글로벌 사우스' 국가들과의 결속이라는 무기를 확보한 중국이 무역 전쟁에서 미국에게 밀리기만 할 리는 없다. 우크라이나 지원 문제로 유럽 주요국이 일단은 미국의 요구를 수용하려는 경향을 보이지만, 상황이 언제 어떻게 반전될 지는 누구도 예상하기 어렵다. 결국 트럼프 대통령이 개별 국가들과 어떤 협상을 추진하는지, 그리고 그러한 협상의 결과가 미국 국내정치적으로 어떤 파급효과를 가져오는지에 대한 매우 정교한 관찰과 분석을 전제로 해야만, 이재명 정부의 한미동맹 정책은 종합적인 평가와 전망을 확보할 수 있을 것이다. 특히 2026년 중간선거를 트럼피즘이 어떻게 극복할 지는 중요한 관전 포인트가 아닐 수 없다.

3. 국제사회의 반트럼피즘 가능성

나라마다 차이는 있을 수 있지만, 외교안보 정책은 국내 정치와 밀접하게 연동되기 마련이다. 특히 미국의 경우 다른 국가가 생각하기 어려울 정도로 전 세계에 걸친 포괄적인 외교안보 이슈에 관여하고 있으므로, 외치와 내치는 더욱 긴밀하게 밀착되어 있고, 대부분의 미국 대통령들은 전통적으로 외교안보 정책의 성과를 국내 정치의 에너지원(源)으로 전환시키는 능력이 뛰어나다. 트럼프 대통령도 예외는 아니어서, '외교 트럼피즘'의 작동 원칙 역시 결국은 트럼프 대통령을 지지하는 국내 세력에서 비롯된다고 봐야 할 것이다.

트럼프 대통령이 집권 초기 내걸었던 외교 목표 중 대표적으로 러우 전쟁 종식 및 중동사태 해결 등이 좀처럼 진척되지 못하고 있다. 상호관세 부과의 경우도 초기 단계에서는 대부분의 국가들이 미국의 강력한 관세 부과에 협력적인 방향으로 해결하려는 입장이지만, 시간이 흐르면서 관세 부과가 미국 내 소비자에게 전가되는 효과를 억지하는 트럼프 행정부의 능력에 한계가 올 수 있고, 글로벌 공급망에서 각자의 지분을 확보하려는 국가들이 스스로의 경제적 피해를 최소화하면서 미국을 상대로 경제 보복을 가할 수단을 찾아낸다면, 트럼프 대통령의 관세 정책은 물론 궁극적으로 전반적인 외교안보 정책에 큰 영향을 미치게 될 것이다. 반트럼피즘으로 인해 국제사회가 불안정해지기를 바라서는 안 되겠지만, '외교 트럼피즘'의 향배가 한미동맹에 어떤 영향을 미칠 것인지 매우 정교한 분석이 요구된다.

4. 북러동맹 강화와 한반도 안보구조 변화 가능성

앞에서 잠깐 설명한 바와 같이, 한국전쟁 이후 한반도 안보 구조는 냉전기와 탈냉전기로 구분할 수 있는데, 냉전기의 경우 남북한 사이에 전개되는 직접적인 대결구도와, 이와 동시에 미국, 중국, 구소련 등이 참여하는 한반도를 둘러싼 국제적 대결구도가 공존하는 방식이었다. 즉 한반도 안보는 두 개 축으로 구성되었던 것이다. 그러다가 냉전 종식 이후 지금까지 30여년 동안은 과거 북방정책의 성공은 물론 한국의 국력이 압도적으로 성장하면서, 냉전기에 작동하던 두 개 축 중에서, 남북한 간의 대결구도만 남고, 국제행위자들의 참여를 통한 한반도 대결 구도는 사라졌다고 해도 과언은 아니다.

그런데 아이러니컬하게도, 2024년 이후 우크라이나 전쟁을 계기로 북한군의 파병을 포함하여 북러 간에 전례가 없는 첨단 군사기술 이전 및 경제협력과 같은 밀착된 동맹 관계가 전개되고 있는 상황이다. 한 마디로 과거 냉전기 시절 한반도 안보 구조를 구성했던 두 번째 축인 국제 행위자들의 참여로 인한 분단구조가 복원되고, 마치 오래 전의 한반도 안보 대결 구도로 회귀하는 듯한 양상이 전개되고 있다. 매우 안타까운 상황이 아닐 수 없는데, 북한의 입장에서는 남북한 간 대결이 핵무기 문제를 포함하여 복잡하게 전개될수록, 북한을 위한 생존 공간이 확보된다고 생각하기 때문에, 최근의 안보 구조 변화는 한반도 평화는 물론 궁극적으로 남북한 통일에 역행하는 상황인 것이다. 이런 상황에서 한반도 평화와 대북 억지를 강조한 이재명 정부의 한미동맹의 역할은 그 어느 때보다도 중요하다. 미중갈등이 고조되고 러우전쟁 해결에 대한 트럼프 대통령의 불만이 높아질 경우, 이러한 영향들이 고스란히 한미동맹에 반영되어 한반도 안보 구조는 더욱 악화될 수밖에 없다. 이재명 정부의 고도의 전략적인 정책 준비가 필요해 보인다.

06

트럼프 2.0시대 미·중 관계와 한반도

홍 현 익

세종연구소 명예연구위원

I
문제 제기

21세기 국제질서의 중심축이자 한국 대외전략에 매우 중요한 영향을 주는 외교·안보 환경인 미·중관계가 트럼프 2기 집권을 맞아 패권 대결 국면으로 갈등이 고조되고 있다.

한국 국가안보의 가장 중요한 과제들인 북핵문제 해결, 평화 복원 및 제도화 그리고 평화 통일 등은 G2 관계가 원활하고 한국의 이들 두 강대국에 대한 관계가 우호적일 때 실현 가능성이 크다. 남북 관계 정상화와 협력 모색이나 한반도 평화는 미·중관계에 상당한 영향을 받는 한반도 주변 안보정세가 상호 공존과 평화가 보장되는 방향으로 전개될 때 가능성이 커진다. 미·중 간 대립과 갈등이 커지면 중국은 북한과 더 협력하려는 동기가 생기고 한국은 중국과의 관계에서 정치적·외교적 분야 뿐 아니라 경제 협력 분야에서도 미국의 견제를 받으며, 남북관계도 정상화되거나 협력을 도모하기 어려워진다.

그런데 트럼프 재집권 이후 한·미 관계가 관세문제, 방위비 분담금, 주한미군 역할 변경 등 다양한 문제로 조정 과정에 있고 미·중 갈등 고조로 북·중 관계 개선이 추동되는데다 중국은 미국의 공세를 모면하기 위해 한국과의 관계 개선도 모색 중이지만 한·중 관계의 발전은 미국의 견제를 받을 개연성이 크다.

한편 트럼프 대통령은 러시아와의 회담을 통해 우크라이나 전쟁을 종결하고 북한과의 대화 및 정상회담을 추진해 한반도 문제에도 개입할 의지를 지속적으로 보이고 있다. 물론 북한은 러시아와 동맹을 체결하고 우크라이나 전쟁에 병력을 파견해 그 대가로 경제적·외교적·군사적 대가를 얻고 있는데다 과거 트럼프와의 회담 결과에 실망했으므로 미국의 대화 요구를 외면하고 있다. 북한은 한국과의 대화도 전면적으로 차단하고 있고 동일 민족임을 부인하고 있으며, 아예 한국을 '적대적인 교전국' 관계로 설정하고 있다. 더구나 2025년 9월 초 김정은 위원장은 베이징을 방문해 중국 전승절 열병식 행사에 시진핑 주석, 푸틴 대통령과 나란히 천안함 망루에 섰고 북러 정상회담에서 러시아와의 동맹관계를 확인했으며 시 주석과의 정상회담과 만찬을 통해 전략적 연대를 재결속해 국제적인 전략적 입지를 더 강화했으므로 미국이나 한국에 대해 더 강력한 입장을 취할 여지를 확보했다.

    본고는 이렇게 급변하고 있는 한반도 주변 안보 정세에서 미국과 중국의 전략, 그리고 미·중 관계의 전개 과정과 향후 양국 관계를 전망한 뒤, 이재명 정부가 한국의 국익을 수호하고 증진하는 방안을 제시하고자 한다.

II
트럼프 2기의 중국 견제 집중 대외전략

1. America First에서 America Only로

트럼프 대통령이 1기 행정부 때 미국 우선주의를 추구했다면 2기 들어서서는 한 걸음 더 나아가 미국만을 위한 세계질서를 구현하려 하고 있다. 미국이 국제사회에서 이용당하고 갈취당해 왔다는 관점에서 이제는 국제질서와 국제 규범을 경시하고 미국의 이익 극대화만을 추구하려 한다. 최대 전략목표는 통상 적자 해소와 제조업 진흥을 통한 위대한 미국을 재건하고 중국의 패권도전을 격퇴하고 승리하는 것이다.

2. 대외 정책 목표로 중국 견제를 선택하고 집중

트럼프 대통령은 국내문제를 우선적으로 중시하되 세계무대에서는 중국 견제에 집중하려 한다. 특히 격변의 축(Axis of Upheaval)으로 불리는 중국과 러시아, 이란, 북한 간의 유대를 해체시키려는 전략을 구사하고 있다.[1] 이들 중 중국과도 협상을 배제하지는 않지만 그 외의 나라들

---

[1] Ancrea Kendall-Taylor and Richard Fontaine, "The Axis of Upheaval: How America's Adversaries Are Uniting to Overturn the Global Order," *Foreign Affairs*, May/June 2024.

을 중국으로부터 떼어놓으려 한다. 이웃 나라를 침략해 국제질서를 파괴한 러시아를 우대하면서 협상을 통해 우크라이나 전쟁을 끝내고, 이란과 핵 협상을 하면서 이란의 석유를 수입하는 중국 회사를 제재하며 북한과도 정상회담을 포함한 협상을 해 북·중 관계를 이완시키려는 것 등이 이런 동향으로 볼 수 있다.

동맹국들인 유럽의 안보를 경시하고 우크라이나전 종전을 추구하며, 파나마 운하 경영권에 관여할 뿐 아니라 그린란드 매입에 나서고, 베트남에 대해 고관세를 부과해 중국의 대미 우회 수출 방지를 모색하는 것 등도 중국의 국제 영향력 확대를 저지하고 견제하며 중국과의 직접적인 경쟁에 집중하기 위한 정책의 일환이다.

3. 중국 견제보다 거래(transaction) 통한 경제 이익 증진을 더 중시

트럼프 대통령은 협상에 자신감을 갖고 있으므로 가치나 유대 및 동맹을 경시하고 직접적인 양자 거래로 문제를 해결하려 한다. 또 단기적인 필요와 편익이 있으면 거리낌없이 제휴(alignment)를 추구한다.

이런 측면에서 권위주의 정권이라해도 배척하지 않고 협상에 응하며, 자기 기준으로 이익이 되는 주고받는 거래가 성사되면 타협을 택한다. 특히 국제정치적으로 중국 견제를 가장 우선시한다면서도 동맹국 한국이나 일본, 우방국 대만 등을 대중 견제에 동원하는 것보다 경제 이익 추구를 더 우선시하여 관세 부과 등을 주저하지 않는다. 더구나 동맹인 유럽 나토회원국들이나 한국에서 주둔하고 있는 미군의 감축이나 철수를 협상 카드로 쓰거나 실행할 염려가 있다.

미국이 1985년 9월 일본의 도전을 타개한 Plaza 합의처럼 중국과 환율을 조정하는 제2의 Plaza 합의를 시도하려 하지만 중국이 그 위험성을 잘 알고 있으므로 이에 응할 가능성이 크지 않다.

4. 세력권 중시

트럼프 행정부는 19세기 유럽처럼 일정 지역에서의 강대국의 영향력을 상호 인정하고 현상 유지에 타협하는 다극화 체제를 추구할 가능성이 있다. 예를 들어 미국은 아메리카 전대륙을 석권하고 러시아는 동유럽 상당지역에서의 영향력을 인정해주려는 동향을 보일 수 있다.

특히 중국과도 이해가 맞아 타협이 되면 동아시아의 상당지역에서의 우월적인 지위를 인정해 줄 가능성이 있으므로 이를 경계해야 한다.

5. 고립주의 기조하에 선별 개입

트럼프 행정부는 미국의 이익이 안되면 언제든 고립을 추구할 수 있다(Amerexit). 세계보건기구(WHO)와 파리 기후변화 협약을 취임 첫 날 탈퇴했고, 북대서양조약기구(NATO)나 세계무역기구(WTO) 등 미국이 주도해 만든 국제기구와의 협약들도 무력화하거나 탈퇴할 수 있다. 브렉시트가 영국의 국제적 영향력을 감소시켰듯이, 이러한 정책은 국제사회에서의 미국의 글로벌 리더십과 소프트 파워, 미국의 지도적 위치를 약화시킬 것이다.

물론 2025년 6월 21일 미국의 이란 핵 시설 3곳 공습에서 보듯이 미국의 이익이라고 생각하면 개입을 불사할 것이다.

중국에 대해서는 가장 가혹한 관세를 연속적으로 부과했다. 중국이 애초에는 온건하게 보복하다 4월 4일부터는 즉각적으로 대등한 보복관세로 응수하자, 중국을 제외한 모든 국가에 대한 상호관세를 90일 유예하고 각국과 양자 차원의 관세 협상을 벌이면서 중국을 차별적으로 고립시키는 등 최대한의 압박을 가했지만 중국의 강력한 반격에 직면하자 결국 타협했다.

6. 관세를 앞세운 보호무역 채택

트럼프 행정부는 관세 만능주의를 채택해 교역의 '공정성'을 회복하고, 재정 적자를 줄이며 미국의 쇠퇴한 제조업을 중흥할 뿐 아니라 관세 수입으로 늘어난 재정으로 감세정책을 추진해 대중의 지지 획득을 시도하고 있다. 무역적자를 수입액으로 나눈 절반값을 관세율로 책정하고 무역 상대국들을 압박하고 있다.

특히 중국에게는 145%의 관세를 부과했었는데, 이는 인공지능(AI) 기술과 에너지 및 핵심 광물의 미래를 통제하면서 중국 정권을 교체시키려는 미국 군산복합체와 실리콘밸리의 세계전략의 첫 단계로 볼 수도 있다.

7. 힘에 의한 평화 추구하지만 전쟁 회피 성향

트럼프 행정부는 국방비를 줄이지만(헤그세스 메모: 향후 5년 간 국방예산 매년 8% 감축, 2025.02.18) 예산 사용을 최적화하고 효율화해 국방력을 강화하면서 이를 기반으로 힘에 근거한 평화를 추구한다. 1기 집권 때처럼 국제 문제에의 군사 개입은 줄이고 해외 주둔 미군은 축소하며 전쟁은 회피하려는 성향을 보이고 있다.

8. '임시 국가 방어 전략 지침', '하나의 전역'과 한미동맹

　피트 헤그세스 국방장관이 2025년 3월 중순 국방부에 배포한 '임시 국가 방어 전략 지침'에 미 본토방위와 함께 중국의 대만 점령 저지를 최우선 과제로 설정하고 한국이 북한의 위협 억지에서 대부분의 역할을 담당하도록 국방비 증액을 압박할 것 등을 명시했다. 또 3월 30일 도쿄에서 일본 나카타니 겐 방위상이 헤그세스 장관에게 중국에 대항하기 위해 기존의 동중국해 전역(戰域)과 남중국해 전역, 그리고 한반도 전역을 하나의 전역(one theater)으로 설정하고 한국·미국·일본·호주·필리핀이 함께 방위협력을 강화하자고 제안했으며, 헤그세스 장관은 이시바 시게루 일본 총리와의 회담에서 나카타니 방위상이 제안한 원 시어터 구상에 대해 언급하면서 한국·미국·일본·호주·필리핀 간 제휴의 중요성을 지적했다. 만일 이러한 구상이 공동으로 채택되면 양안 간 분쟁에 주한미군은 물론이고 한국군마저 연루되게 된다.

　한미동맹의 안보 딜레마인 방기와 연루의 리스크가 동시에 커질 수 있는 상황이다.

Ⅲ
중국의 대응전략

미국이 중국의 부상을 견제하고 봉쇄하는 데 대외전략을 집중하자 중국도 2050년 정도에 미국의 국력과 맞먹는 초강대국을 건설하기 위해 다양한 전략으로 대응하고 있다.

1. 신대외전략의 명분으로 4대 글로벌 구상(Global Initiative) 제창

먼저 시진핑 주석은 바이든 행정부가 자유, 민주, 인권, 법치 등 가치를 내세우며 세계 민주국가들을 동원해 국제질서에 '부정적인' 영향을 미치는 공산당 독재국가인 중국을 견제하고 소외시키려는 세계 전략에 대응해 중국이 추구하는 세계 질서가 미국의 가치보다 더 평화적이고 호혜적이며 우월하다는 것을 전세계에 보여주고 홍보하면서 중국의 위상을 제고하기 위해 4대 글로벌 구상을 대외전략의 명분으로 순차적으로 제시해왔다.

첫째는 2021년 9월에 내놓은 글로벌발전구상(GDI·中國之路)으로서 중국은 세계 빈곤 감소, 식량 안보, 발전 자금 모금을 추진하고 글로벌 발전 운명공동체를 구축하겠다는 것이다.

둘째는 2022년 4월에 내놓은 글로벌안보구상(GSI·中國之治)이다. 중국은 외교를 통해 내정 불간섭, 주권 존중과 영토 보전, 각국의 합리적인 안보 우려 존중, 냉전 사고 및 일방주의 반대, 안보 불가분 원칙을 견지하겠다고 선언했다. 또 상하이협력기구(SCO), BRICS 등 기존 다자협력체를 협력 플랫폼으로 활용해 세계 각국 및 국제기구와의 양자·다자 안보협력을 추구하겠다는 것이다.

셋째는 2023년 3월에 제시한 글로벌문명구상(GCI·中國之理)이다. 중국은 문명의 다양성 존중과 문명 간 공존, 각국 전통문화의 창조적 전환, 국제적 인적 교류와 협력 강화, 글로벌 문명 대화·협력 네트워크 구축을 추구하겠다는 것이다. 동시에 시 주석은 "모든 형태의 패권주의와 강권 정치에 결연히 반대"하고 "민주주의를 기치로 내세우며 분열과 대결을 부추기는 것 자체가 민주 정신을 짓밟는 일"이라고 미국을 겨냥했다.

또 트럼프 행정부가 출범한 뒤인 2025년 4월 9일 시진핑 주석은 12년 만에 주변국 외교문제를 다루는 최고위급 회의를 개최하고 주변국과의 운명공동체 구축을 제창했다. 주변국과의 상호 신뢰와 산업공급망 협력 강화를 주장했다. 같은 날 중국 국무원은 백서를 통해 미국과 순순히 협상할 생각이 없음을 명확히 밝혔다.

끝으로 시진핑 주석은 2025년 9월 1일 톈진에서 열린 SCO 정상회의 연설에서 글로벌 거버넌스 구상(GGI·全球治理發起)을 제안했다. 주권 평등, 다자주의, 인본주의, 국제관계의 민주화, 개도국의 대표성과 발언권 제고, 유엔헌장 및 국제법 준수(국제 법치), 이중잣대 금지, 소수국의 내규 타국 강요 금지, 행동 지향 등이 주요 내용이다. 이를 통해 시 주석은 미국의 패권주의, 일방주의적인 행위를 비판하고 국제사회의 공동체 형성을 지향하는 중국이 국제질서의 '대안'임을 자처한 것으로 볼 수 있다.

2. 미국과 대립하거나 다극화 질서 추구하는 비서구국가들과의 연대 강화

미국의 국제질서 주도 독주를 견제하기 위해 중국은 러시아와의 전략적 동반자 관계를 대외전략의 주축으로 강화하고 미국과 대립하는 이란 및 북한과의 우호 관계를 증진한다. 특히 북한에 대해서는 도발 관리와 협력을 병행하고 있다.

한편 다자협력을 증진하는 차원에서 중국은 러시아와 함께 BRICS와 SCO 유대를 강화한다. 특히 인도와 국경분쟁을 하기도 하지만 경제적으로 적극 협력을 도모한다. 글로벌 사우스 강국들에 적극 외교를 구사해 미국의 독주를 견제하고 달러 본위 국제금융체제의 대안을 마련하며 국제질서의 다극화를 공동으로 추구한다.

중국은 이미 일대일로 이니셔티브, 아시아인프라투자은행(AIIB) 등을 통해 대안적 국제 질서를 구축하려 노력해왔다. 특히 일대일로와 경제적 지원 및 투자를 앞세워 중동, 중앙아시아, 아프리카 국가들과의 연대도 강화하고 있다.

3. 미국 우방국들과의 협력 증진 및 미국의 중국 견제 동참 견제

중국은 미국의 우방국들과의 협력도 모색해 외교적·경제적 봉쇄 및 견제를 약화시키고 극복하려 노력하고 있다. 이를 위해 반서방이 아니라 비서방의 입장을 취하는 동시에 미국의 우선주의와 관세전쟁에 따른 리더십 약화 상황을 파고들어 그 공백을 메우고 새로운 세계질서 비전을 앞세워 경제협력 유대를 강화하고자 한다.

먼저 2025년 3월 30일 5년 만에 한·중·일 통상장관회의를 개최하고

4월 14일부터 시 주석이 베트남, 말레이시아, 캄보디아 등 동남아 3개국을 국빈 방문했다. 중국-EU 간 유대를 강화해 전통적인 EU-미국 간 '대서양 동맹'을 약화시키는 노력도 벌이고 있다. 또 미국의 전통적인 영향권이었던 중남미에서 경제력과 막대한 시장을 내세워 협력을 강화해왔다.

중국은 또 미국의 관세 부과로 타격을 받은 베트남, 캄보디아 등 동남아 국가들이 '친중' 노선으로 급격히 전환할 가능성을 활용하려 한다. 이들 국가들이 미국의 대중 봉쇄나 견제에 동참하지 않도록 거대 시장을 활용해 무역 제재를 부과하거나 안보 부분에서 경고를 보내기도 한다. 캐나다의 캐놀라, 돼지고기 등에 100% 관세를 부과하고 베트남 견제를 위해 통킹만에서의 실사격 훈련을 시행하기도 했다.

4. 트럼프 행정부의 일방주의적 자국 우선주의를 우군 확보에 활용

미국의 견제를 벗어나는데 트럼프의 일방주의적 자국 우선주의는 중국에게 기회를 제공한다. 미국의 전방위적이고 무차별적이며 일방주의적인 관세 부과에 대해 중국은 자유무역주의와 세계 질서의 수호자를 자처하고 미국은 믿을 수 없는 국가임을 강조한다. 동시에 미국이 동맹인 유럽의 안보를 방기하는 것은 미국에 대한 의존이 위험함을 강조하는데 이용한다.

트럼프 행정부가 미국이 100년 전 보호무역을 시행해 세계대공황의 원인을 제공했고 이것이 2차 세계대전의 한 요인이 됐다는 역사의 교훈을 무시하고 있다는 점도 미국에 대한 공격에 활용한다. 동시에 중국은 중국공산당 기관지 인민일보가 4월 10일 보도한 것처럼 미국의 일방적인 고율 관세 부과를 통한 무역전쟁이 미국 내 물가 상승과 증시 폭락, 국채 금리 상승 등 미국 이익을 해칠 뿐 아니라 국제 무역질서를 파괴하고 안전자산이던 미국 달러에 대한 신뢰 추락을 초래하고 있다고 강조한다.

5. 미국 및 서방의 정부와 기업가들 분리 대응

중국은 미국 및 서방 정부에게는 대체로 상호적으로 대응하고 보복도 하지만, 거대한 시장과 경제력을 활용해 기업인들은 환대하는 태도를 보인다.

트럼프와 각별한 관계를 가진 일론 머스크 테슬라 CEO와의 협력을 유지하고, 3월 28일 중국 베이징 인민대회당에서 시진핑 주석을 비롯한 차이치 당 중앙서기처 서기, 왕이 당 중앙외사판공실 주임, 허리펑 부총리 등 중국 최고지도부가 이재용 삼성회장, 곽노정 SK하이닉스 대표, 메르세데스-벤츠 CEO, 페덱스 CEO, HSBC CEO, 히다치제작소 회장, 아람코 회장 등 글로벌 기업 최고경영자들과의 회동을 가졌다. 이 자리에서 시 주석은 개방 확대와 외자기업 보호를 제창했다.

Ⅳ
미·중 대립 전개과정과 배경 및 전망

트럼프 1기 시절 미국은 무역 적자 문제에 중점을 두어 봉쇄와 분리 (Containment and Decoupling) 전략 하에 관세 부과와 경제 제재 등을 통해 치열한 경쟁에 돌입했고 사실상 중국과의 신냉전에 돌입했다. 바이든 행정부는 안보와 경제, 기술과 정보 분야에 더해 민주와 자유, 인권, 법치를 외치는 가치외교를 펼치면서 이념적으로 권위주의 국가인 중국, 러시아, 북한, 이란을 국제사회에서 격리시키는 분리(Decouping) 전략을 추진하다 유럽국가들의 대중 강온 양면책과 미 재계의 요청 등으로 De-risking(위험회피) 전략으로 전환했다.

2025년 1월 20일 2기 집권한 트럼프 행정부는 관세와 무역 및 투자 제한을 휘두르며 중국과의 패권 경쟁에 본격적으로 나섰다.

1. 미·중 대립 전개과정

트럼프 행정부의 연속적인 관세 부과로 미·중 관계는 양국 교역 중단 수준까지 치닫다가 중국의 강력 대응으로 미국의 피해가 커지고 미국 여론이 움직이자 트럼프 대통령이 결국 타협을 택해 일단 소강 국면이 이어지고 있다.

먼저 4월 초 양국 간 관세 전쟁은 미국의 대중관세가 145%까지 오르자 중국도 125%를 부과해 양국 교역의 중단 수준에까지 이르렀다. 트럼프는 펜타놀 문제로 10%(2.4)에 10%(3.4)를 더해 20%를 가하다 상호관세로 34%를 추가(4.2)했고, 중국의 보복에 추가 50%(4.8), 중국의 재보복에 추가 40%(4.9)로 취임 이전 관세까지 합하면 총 145% 대중 관세를 부과했다.

중국은 정면 대결을 자제하다 미국이 어차피 무역이 단절되는 정도로 대중 고관세를 부과하자 강경 대응했다. 미국산 석탄·LNG에 15%, 원유·농기계 등에 10%(2.10)를 매기다 농·축산물 10-15%(3.10), 상호관세 보복으로 34%(4.4), 맞불관세 50%(4.9), 최종적으로 4월 11일 40%를 추가해 125%로 인상하고 더 이상 보복의 의미가 없다고 발표했다. 2024년 중국 수입 총량 중 6%를 기록한 미국의 LNG가 2월 6일 마지막으로 도착한 후 수입이 완전 중단됐고 대신 러시아산 LNG 수입 증가가 기대되었다. 중국은 2023년부터 주요 광물에 대한 수출 통제 조치를 취해왔다. 흑연(23.10), 희토류 자석 제조 기술(23.12), 안티몬·갈륨·게르마늄(24.12), 리튬과 갈륨 정제기술(25.1), 텅스텐·인듐·비스무트(25.2)에 이어 2025년 4월 4일에는 희토류 7종에 대한 수출을 통제했다. 이는 미국의 방위산업, 스마트폰, 전기차 산업에 상당한 타격을 가했다.

중국의 맷집은 예상보다 강했다. 바이든 행정부가 대중국 첨단기술 수출 통제 차원에서 엔비디아의 AI 칩 H100을 규제하자 엔비디아는 이를 피해 저사양인 H20 칩을 제작해 중국에 판매해왔다. 이에 트럼프 행정부는 규제를 더 강화했다. 미국 상무부는 2025년 4월 9일 H20의 대중국 수출 시 당국의 허가를 받으라고 통보했다. 그러나 화웨이가 H100 성능에 비견할만한 제품 그래픽처리장치(GPU) 어센드 920C(중국명 성텅: 어센드 910C 성능의 40% 개선)을 개발하여 이르면 5월부터 대량으로 공급할 계획이라 밝혀 미 당국을 놀라게 했다.

미국은 4월 17일 중국 해운사, 중국산 선박을 운영하는 해운사, 외국에서 건조한 자동차 운반선 등에 10월 14일부터 미국 입항 수수료를 부과한다고 발표하는 등 압박을 더 강화했지만, 중국 상무부는 4월 21일 "다른 국가가 중국 이익을 희생하는 대미 합의를 할 경우 반격할 것"이라고 경고하는 등 굴하지 않았다. 단지 트럼프는 연이어 "대중 협상을 잘하고 있다"고 입장을 후퇴했고 중국은 버티는 자세를 취하는 가운데 외교부 대변인이 4월 23일 "싸운다면 끝까지 맞서 싸우되 대화의 문은 활짝 열려있다"는 기존 입장을 확인했다.

양국은 결국 5월 10~11일 제네바에서 1차 미·중 고위급 무역 회담을 통해 90일간 한시적으로 각각 115%씩 관세를 낮추기로 합의하여 초고율 관세 전쟁을 봉합했고, 이후 '희토류-반도체' 등 관련 공급망 갈등이 다시 불거지자 6월 9~10일 런던에서 2차 미·중 고위급 회담에서 중국의 대미 희토류 수출통제와 미국의 대중국 수출통제 일부의 해제를 맞교환하는 등 비관세 장벽을 합의로 해소했다. 양측은 무역 협상의 세부틀에 대해서는 원칙적인 합의를 하면서 구체적인 내용은 추가 협상에서 논의하기로 했다. 그 결과 6월 중국이 미국에 수출한 희토류 자석은 한 달 전보다 7배 이상 급증했고, 젠슨 황 엔비디아 최고경영자(CEO)는 7월 15일 엔비디아의 AI 칩 H20의 중국 판매가 승인됐다고 밝혔다.

마코 루비오 미 국무장관은 7월 11일 동아시아 정상회의(EAS) 외교장관회의·아세안지역안보포럼(ARF) 외교장관회의가 열린 말레이시아 쿠알라룸푸르에서 왕이 중국공산당 중앙외사판공실 주임 겸 외교부장과 첫 대면 회담을 갖고 트럼프 대통령과 시진핑 주석 간 정상회담이 성사될 가능성이 크다고 밝혔다. 이에 따라 10월 말 경주 APEC 정상회담까지는 미·중 정상회담이 실현될 가능성이 커 보여 양 강대국간 관계는 큰 틀에서는 전략적 안정을 찾을 수 있을 것으로 기대된다.

2. 중국의 대미 강경 기조 유지 배경

중국이 미국의 강공에 쉽게 굴복하지 않는 다양한 이유가 있다. 특히 트럼프 1기 때보다 중국의 상대적 위상이 더 강화되었다.

가. 대미 수출 비중 급감

중국의 총수출에서 대미 수출 비중이 2018년 19.1%에서 2024년 14.7%로 축소되었다. 총무역에서의 미국 비중도 2017년 14.2%에서 2024년 11.2%로 감소하는 등 중국은 수출입에서 다원화에 성공했다. 특히 정영록 서울대 국제대학원 명예교수에 따르면 2024년 GDP 대비 미·중무역은 3.64%에 불과하다.

나. 든든한 자산 보유

중국은 3조2,407억 달러의 외환을 보유해 세계 1위이다. 미 국채 보유는 7,608억 달러로 일본에 이어 보유액 2위이고 금 보유도 비축자산 총액의 6.5%로 3년 전보다 2배로 늘었다.

다. 내수 확장 정책

중국 정부가 내수 확장 정책을 가속화해 2025년 1분기 내수가 성장세를 보였다. 이구환신 정책으로 1-2월 소비판매 증가율이 4%를 기록해 전년 동기보다 0.5% 상승했다. 중국의 강력한 성장기였던 트럼프 1기 때와는 달리 지금은 부동산 시장 침체, 자본 유출, 서방 진영의 '디커플링'(공급망 분리) 등으로 중국 경제는 지속적인 둔화 시기에 접어들었다. 그러나, 이런 상황이 되레 '트럼프 관세 쇼크'에 직면해 더 회복력이 있을 수 있다는 평가이다. 중국 당국은 2025년 재정적자율 목표를 역대 최고 수준인 GDP의 4%로 설정해 경기 부양에 나설 계획이다.

라. 시진핑에게 유리한 국내외 상황 조성

부동산 시장 침체와 소비 위축, 높은 실업율, 투자 부진 등으로 전반적으로 중국의 경제 성장은 둔화되고 있다. 반면 2024년 12월 Deep Seek 개발 발표로 중국은 미국의 제재와 방해에도 불구하고 첨단 AI에서 기술 자립을 달성할 수 있다(기술굴기)는 자신감을 가지고 있다.

중국 지도부는 중국 국민의 정서를 결집하고 경제 침체 책임을 미국의 부당한 공격에 돌릴 수도 있다.

미국이 관세 부과 등 일방주의 정책으로 우방국들까지 공격해 중국의 전략적 영향력 확대 기회를 제공하고 있기도 하다. 끝으로 미국은 중장기적으로는 베트남과 말레이시아 같은 제3국을 통한 중국의 우회적 대미 수출을 쉽게 차단할 수는 없을 것이다.

마. 미국 내 경제 상황과 여론 악화

트럼프 행정부의 과격한 관세정책으로 미국내 경제가 불안정해지고 상황이 악화된 것도 중국의 대미 강경 대응에 일조했다.

미국 증시가 폭락하고 국채금리는 폭등했으며 달러 가치가 하락하는 등 미국 금융시장이 불안정해졌다. 이에 따라 금융기관이 불만을 제기하고 국민 여론도 악화되었다. 관세 인상이 미국 내 경기 침체와 소비자 물가를 폭등시켜(stagflation) 관세정책에 대한 미국 내 여론이 악화하자 트럼프 행정부는 수세에 몰렸다.

바. 중국도 유력한 카드 보유

마지막으로 중국이 미국과의 무역전쟁에서 강력한 잠재적 보복 수단을 갖고 있다는 점이다. 먼저 군사 및 첨단기술 산업에 필수적인 희토류를 과점하고 있다. 현재 중국은 미국 희토류 수요의 약 72%를 공급하고 있는데다 미국은 중국의 공급 중단을 충분히 대비하지 못한 상황이다.

둘째, 중국은 닭·오리 등 가금류와 대두와 같은 핵심 미 농업 수출 분야를 타격할 능력을 보유하고 있다. 특히 이런 농축산 분야는 트럼프의 공화당 지지 성향 지역의 산업이고 중국의 수요에 상당히 의존하는 특성을 가지고 있으므로 중국이 수입을 제한할 경우 트럼프에게 정치적 타격을 가할 수 있다.

셋째, 애플과 테슬라 같은 테크 분야의 많은 초대형 미국 기업들의 상당 수가 중국에서 제품을 생산하고 있고, 미국 국민들이 애용하는 월마트에 공급하는 상품도 상당 부분 중국에 의존하고 있으므로 이에 차질이 빚어지면 미국 국민들의 불만이 고조될 것이라는 점을 중국이 압박 수단으로 활용할 수 있다.

3. 전망

아직 미국의 위상이 중국보다 우위이지만 미국이 일방적으로 밀어붙이기에는 중국의 위상도 과거와 같지 않으므로 결국 모종의 타협이 불가피해 보인다.

가. 국내 상황

양 지도자가 처한 국내정치 상황이 영향을 미칠 것이다. 이 부문에서 권위주의 정체인 중국에서는 시진핑 주석에 대한 국내 지지 여론은 통제가 비교적 용이하지만 민주국가인 미국의 트럼프 대통령은 상당한 국내 여론의 반발에 직면할 수 있다. 특히 이런 측면에서 중국의 경제 성장 전망과 함께 미국의 국채 금리, 주식시황, 물가 동향, 고용 상황 등을 주목해야 한다.

나. 대만 문제 발생 가능성

1기 때 트럼프는 제일 먼저 대만의 차이잉원 총통과 통화해 시진핑에 강경정책을 예고했다. 이번에는 대만 문제는 언급하지 않고 있어 이 수준이 유지되면 협상 가능성이 보인다.

다. 트럼프의 역키신저(Reverse Kisssenger) 전략?

트럼프 대통령이 1970년 초 닉슨이 중국과 타협해 중국으로 하여금 소련을 견제하도록 한 것처럼 러시아를 동원해 중국을 견제하려는 전략을 구상할 수 있으나, 현재는 중·러가 밀착해 있어 그 때와 상황이 다르다. 성공 가능성이 크지 않으며 푸틴이 이에 전면적으로 호응할 가능성도 작을 뿐 아니라 이 전략의 추진 대가가 너무 커 맥 폴 전 미국 주러대사의 평가처럼 종합적으로 미국의 전략으로 적합하지 않아 보인다.[2]

라. 중국의 협상력이 더 클 수 있음

2024년 미국의 대중 수출은 1,992억 달러고 중국의 대미 수출은 4,625억달러로 무역 적자는 2,633억달러였다. 미국의 생필품부터 군수용 자재까지 미국이 중국보다 상대방에게 2.3배 더 필요한 상품이 있다는 것이다. 그런데 포젠 Peterson 국제경제연구소장은 미국이 이들을 생산할 능력을 갖추거나 다른 나라로부터 대체품을 확보하지도 않은 상

---

[2] Michael McFaul and Evan S. Medeiros, "China and Russia Will Not Be Split: The "Reverse Kissinger" Delusion," *Foreign Affairs*, April 4, 2025.

태에서 중국에 대한 의존을 줄이는 것은 결국 자해행위라고 주장한다. Bessent 재무장관의 Poker 비유와 달리 무역은 zero-sum game이 아니라 positive-sum game이고 미·중 교역에서 확대지배력(escalation dominance)은 미국이 아니라 중국에게 있다는 것이다.[3]

마. 달러 위상 추락 가능성

트럼프가 일방적인 고율 관세 부과 시행, 이란과 베네수엘라 등에 대해 제재, 법치주의 위협, 미 100년 국채 무이자 강매(Mar-a-Lago accord) 등을 시행할 수도 있지만, 이는 중장기적으로 본위화폐로서의 달러의 위상이 추락할 가능성을 내포하므로 피쉬맨의 경고처럼 쉽게 추진하기 어려워 보인다.[4]

결국 양국은 서로의 체면을 존중하고 큰 타격을 입지 않는 선에서 타협을 도출할 것으로 예상된다.

---

[3] Adam S. Posen, "Trade Wars Are Easy to Lose: Beijing Has Escalation Dominance in the U.S.-China Tariff Fight," *Foreign Affairs*, April 9, 2025.

[4] Edawrd Fishman, Gautam Jain, and Richard Nephew, "How Trump Could Dethrone the Dollar: The World's Reserve Currency May Not Survive the Weaponization of U.S. Economic Power," *Foregn Affairs*, April 8, 2025.

V
한국의 대응전략과 정책 추진 시 주요 고려사항

미국과 중국 간 경쟁이 노골적으로 격화하면서 그 사이에 끼여있고 미국과의 동맹을 대외전략의 주축으로 삼고 있으며 중국이 최대 교역국인 한국의 이재명 정부는 양 강대국의 압박을 받는데다 선택을 요구받는 상황이 잦아지면서 매우 어려운 전략적 처지에 놓여있다. 물론 양 강대국들이 서로 자기 편에 가담하라고 이익을 주면서 회유하기도 하지만 주로 상대국과의 접근과 협력을 제한하거나 막으려는 의도를 갖고 있어 한국의 전략적 입장을 어렵게 하고 있다.

이런 난처한 상황에서 중견국이 된 한국은 냉정하게 국익의 우선순위에 입각하고 이를 극대화하는 방안을 모색하되 선입견을 배제하고 이념에 치중하지 않으며 양국의 국익과 전략, 상호 관계의 변화를 면밀히 관찰·분석하여 합리성을 가지고 정책 능력과 수단을 효율적으로 운영하면서 유연하고 현명한 정책을 구사해야 할 것이다.

1. 한국의 대응전략

가. 미·중 간 선택보다 지혜로운 실용 노선: 이중트랙 외교

미·중 경쟁이 격화하고 있지만 정부는 단순한 대미 편승이나 전략적 명확성으로는 국익을 극대화하기 어렵기 때문에 상황에 휘둘리기보다 냉정을 유지하고 합리적이며 유연하게 대응하는 것이 현명하다. 한미동맹을 대외전략의 중추로 삼되 중국과도 우호관계를 최대한 유지하고 러시아와도 우크라이나 전쟁이 끝나는 과정에서 관계 정상화를 도모하는 것이 바람직하다. 또 한·미·일 안보협력은 계속 유지하되 국익에 입각해 반중적인 행위는 최대한 자제하고 대북 억지 역할로 제한하고 집중하는 것이 지혜롭다.

위험회피(Risk Hedging)와 기회포착(Opportunity Seizing)의 이중 트랙(Dual Track Engagement) 외교도 필요하다. 한미동맹을 다룰 때 중국 변수를 고려하고 중국 문제를 다룰 때는 한미동맹을 감안하며, 첨단산업은 미국과 협력하고 미래 성장산업은 중국과의 실질적인 협력을 도모하는 지혜가 필요하다.[5]

또 미국의 견제와 압박에 따라 중국이 한국과의 관계를 개선하려는 동기가 발생한 것을 슬기롭게 활용해야 한다. 대외전략 기조로 볼 때, 트럼프도 시진핑이나 푸틴은 물론이고 김정은과도 협상 및 정상회담을 고려 중이므로 미국의 견제를 지나치게 의식할 필요없이 정상적인 한·중 관계 발전이나 남북관계 정상화를 위한 노력을 기울일 수 있다. 이런 맥락에서 한·중 FTA 2단계 협상을 적극 추진하고 10월 말 시진핑 주석의 경주 APEC 정상회의 참석을 기회로 삼아 한·중 관계를 최대한으로 정상화하고 발전시켜야 할 것이다.

---

5 이희옥, 토론문, 『국회외교안보포럼: Korea Consensus 발족식』 (국회의원회관, 2025년 5월 20일), p. 52 참조.

나. 국가안보 강화: 전작권 전환과 확장억제 강화

피트 헤그세스 미 국방장관이 2025년 3월 중순 국방부에 배포한 '임시 국가 방어 전략 지침'에 미 본토 방위와 함께 중국의 대만 점령 저지를 최우선 과제로 설정하고, 한국이 북한의 위협 억지에서 대부분의 역할을 담당하며 국방비 증액을 압박할 것임을 명시했다. 미국의 역대 어느 행정부보다 트럼프 행정부는 주한미군의 중국 견제 역할을 강조하고 한국이 이에 순응하지 않을 경우 한국을 방기할 가능성이 있다. 정부는 이에 대비해 자강력 증진 차원에서 조속히 정찰·감시·정보 능력을 향상시키고 군 지휘부의 작전계획 기획과 지휘능력 향상 교육을 강화하며 훈련을 통해 대북 억지 및 방어와 격퇴에서 자력으로도 충분히 전쟁을 수행할 수 있는 능력을 갖추어야 할 것이다.

또 정부는 한·미 안보 협력 강화를 통해 실효적인 확장억지를 확보하고 빈틈없는 국가안보 태세를 갖추면서 전작권을 전환하고 미일동맹처럼 한국군과 주한미군의 병렬적 독립적 작전지휘 체제를 수립하며 군사협조본부를 통해 상호 간에 긴밀한 협력을 유지해야 할 것이다. 군정권과 군령권도 정비해 합참의장은 대통령과 국방장관 자문 및 군사력 증강과 작전계획 수립 등에 전념하고 전·평시 작전권과 군령권은 새로 창설되는 미래사령관에게 부여하는 것이 바람직하다.

동시에 정부는 국방비의 안정적인 증액을 추진하면서 전술핵에 버금가는 재래식 핵 억지 보복태세를 획기적으로 강화해 북한의 핵 위협에 대비해야 한다. 확장억제에 관해서는 전투준비태세(Defcon) 격상에 맞추어 미 전술핵 배치 준비를 갖추어가다가(괌 등에 배치) Defcon이 2단계로 격상되면 한국에 전술핵을 배치한다는 것을 한·미 간에 합의하고 이를 공표하는 것을 적극 검토할 수 있을 것이다.

다. 신국부론에 의거한 경제 혁신

한국 무역의 GDP 비중(대외의존도)은 88%로 일본 45%, 중국 32.5%, 미국 25%에 비해 매우 높다. 특히 기술과 시장을 미국에 상당히 의존하고 교역과 원재료, 시장을 중국에 많이 의존하는 한국은 미·중 무역전쟁에서 희생될 수 있다. 미국의 상호관세와 중국의 희토류 및 광물자원의 수출 통제로 양쪽에서 무역 충격을 받을 수도 있다.

미·중 패권전쟁 시대에 트럼프의 미국 우선주의 강요로 현재 미국은 신뢰의 대상인 동시에 위험 관리의 대상이 되고 있다. 또 중국은 포기의 대상이 될 수 없고 현명한 관리의 대상이다. 더구나 그간 한국이 미국과 일본 등 선진국들에게서 배운 기술은 수명이 다하고 있다. 따라서 이젠 공급망을 다변화하면서 인재를 양성하고 유치하며 '한국 주도형 핵심 기술'을 개발해야 한다.

이런 맥락에서 정부는 새로운 국부창출을 하는 '한국의 신국부론'에 따라 이를 달성할 성장 산업을 제대로 고르고 적극 투자하면서 키워야 한다. 신 전략산업에 대해서는 치열한 국제 경쟁에서 승리하도록 과감하게 세제 혜택과 제도적 지원을 제공하는 것이 요구된다.

라. 남북관계 정상화

미·중 갈등과 대립시대에 분단된 남북한이 반목과 갈등 및 대립을 일삼는 것은 매우 어리석은 일이다. 미·중 대립 뿐 아니라 각자도생의 국제질서 하에서 같은 민족이 갈라서서 싸우는 것은 그야말로 방휼지쟁일 뿐이다.

국가안보와 한반도 정세 안정, 지속가능한 국가발전의 기반을 구축하기 위해 남북관계도 적대적인 대립과 소모적인 갈등을 지양하고 정상화하여 평화공존을 제도화하면서 교류를 증진하며 호혜적인 협력을 구축해 가야 한다. 이재명 정부가 대북 전단 살포를 저지하고 확성기 방송을 중단해 일정 수준 북한의 긍정적인 반응을 유도한 것은 현명했다.

이제는 전향적으로 대북 지원 및 관계 정상화 의지를 피력해 남북 간 소통 채널 재개 등을 추진하는 것이 바람직하다. 북·러 동맹을 체결하고 적대적인 두 국가론을 주창해 온 북한이 쉽게 응하지는 않겠지만 인내심을 가지고 상호 공존 및 대북 지원 의지를 지속적으로 피력한다면 언젠가 북한도 호응할 것이 기대된다. 대화 채널이 복원되면 남북 경협을 재개하고 진흥하며 궁극적으로 잠정적인 두 국가체제를 용인하고 남북 불가침 조약과 기본조약을 체결한 뒤 국회 비준을 받아 남북 간 호혜적인 평화공존을 제도화하고 본격적인 경협을 추진하는 것이 바람직하다.

마. 전방위 우호 실용외교

외교에서는 전방위적인 우호 협력외교를 펼치는 것이 바람직하다. 우선적으로 주변 4대 강국들과 호혜적인 우호관계를 형성하고 상호 협력을 강화하는 한편 전방위적으로 한·중·일, 한·미·중, MIKTA 외교 등 소다자협력도 적극적으로 추진하는 것이 유익하다.

글로벌 사우스 전략 차원에서 중심국 격인 인도, 인도네시아, 브라질, 카자흐스탄, 사우디아라비아, 튀르키예, 남아공 등과의 협력도 강화해야 한다.

중국 뿐 아니라 러시아와도 관계를 정상화하고 호혜적인 한·러 및 남·북·러 경협을 진흥하며 한미동맹에서의 방기 가능성에 대비해 이를 헤징하는 차원에서도 동북아 다자안보협력도 쉬운 분야부터 시작해 지속적으로 추진하는 것이 요망된다.

2. 정책 추진 시 주요 고려사항

　미국과 중국 간 경쟁이 노골적으로 격화하고 있으므로 정부는 정책 능력과 수단을 최대한 효율적으로 운영하면서 유연하고 현명한 정책을 구사해야 할 것이다.

가. 한반도 주변 신냉전 질서 형성과 한미동맹의 연루의 위험 억지

　2025년 3월 30일 도쿄에서 일본 나카타니 겐 방위상이 중국에 대항하기 위해 기존의 동중국해 전역과 남중국해 전역, 그리고 한반도 전역을 하나의 전역(one theater)으로 설정하고 한국, 미국, 일본, 호주, 필리핀이 함께 방위협력을 강화하자고 제안하자 헤그세스 미 국방장관이 이를 환영했다.

　이미 2021년 부임한 러캐머라 대장부터 한미연합사령관들은 주한미군의 지역 안보 투입을 적극 모색해왔다. 그러나 만약 주한미군이 대만 분쟁에 파견되면 중국이 한국의 주한미군을 공격할 수도 있다는 것이 문제다. 더구나 트럼프 행정부는 주한미군의 양안 간 분쟁 투입은 물론이고 한국군도 이를 어떤 행태로든 지원해 주기를 바라는 것으로 여겨진다.

　이러한 움직임들은 한국의 군사 주권을 무시한 것이고, 한미동맹의 연루의 위험을 부각시키는 동시에 반중 신냉전 구도가 조성되어 한국은 전초병의 처지가 될 위험성이 있다. 양안 분쟁 시 주한미군 뿐 아니라 한국군도 연루될 수 있는 것이다. 주한미군이 양안사태에 투입되면 한국의 미군기지가 중국의 공격 목표가 되며 한·중관계는 일시에 적국 관계로 악화할 수 있다.

　정부가 침묵하면 기정사실로 진전될 수 있으므로 하나의 전역화 제안에 대해 한반도는 한국의 독립된 주권 영역이라는 입장을 분명히 밝혀야 한다. 또 양안분쟁 시 한국의 연루 가능성을 배제하려면, 주한미군의 해외 분쟁 '직접' 투입은 한국 정부의 동의가 필요하다는 점을 확인해 두어야 한다. 또 한국의 타국 분쟁 개입은 반드시 한국 정부의 주권적 정책 결정에 따라야 가능하며, 한미동맹 조약상으로도 상대국의 영토가 침범당해야 군사적으로 도와주는 것이므로 한국군의 양안사태 개입은 주권적 선택사항이고, 한국의 국가안보상 북한 억지가 우선시되므로 불가하다는 입장을 확고히 지키는 것이 중요하다.

나. 북·미 대화 지지와 남·북·미 경협 모색

정부는 단계적으로 신뢰를 구축해 남북관계 정상화를 추진해 가면서 트럼프 행정부의 북·미 대화 및 정상회담 동향을 최대한 활용해야 한다. 트럼프 대통령은 시진핑 주석을 제외하면 세계 지도자 중 김정은을 제일 많이 만난 지도자임을 자부하고 1기 집권 시 김정은과의 세 차례 만남을 통해 북핵 개발을 지연시키고 한반도 평화를 추동했다는 긍지를 자랑해왔다. 그는 우크라이나 전쟁과 이스라엘 전쟁을 종전시키려는 노력을 기울이는 한편 김정은과 다시 만나 북한의 대미 위협을 억지하고 한반도 긴장을 해소 또는 완화시켜 노벨 평화상을 타겠다는 포부를 가진 것으로 보인다. 이를 위해 1기 집권 시 북·미 정상회담을 준비했던 참모들을 주변에 포진시켜 두었다.

한반도의 평화와 안정 및 남북 관계 정상화를 추구하는 이재명 정부는 이러한 트럼프 행정부의 움직임을 공개적으로 지지하고 한·미 간 북·미 협상 및 정상회담 과정을 조율하며 북·미 관계가 진전되면 이를 활용해 북한의 대량살상무기 개발을 일단 중단시키고 감축 및 폐기를 도모하는 한편 남북 대화 재개의 동력으로 삼고 남·북·미 3자 경협 추진도 모색하는 것이 현명하다.

다. 미·중 담합 가능성 대비

미국과 중국이 세계적인 패권 경쟁을 벌이고 있지만 전략적 또는 전술적 이유에 의해 이해가 일치하는 경우 지역 국가들을 희생시키면서 양국의 국익을 충족시키거나 교환할 가능성을 배제할 수 없다. 이들 양국이 자국 이익 증진을 위해 한국을 동원해 상대국을 견제·포위 노선에 동참시키거나 대립시키기도 하지만 양국이 대타협을 이루기 위해 희생양으로 삼을 가능성을 늘 염두에 두어야 한다. 특히 트럼프 대통령은 세력권 정치를 추구하고 무력 충돌보다 거래주의를 선호하므로 중국과 정면 대결보다는 모종의 권력정치적 주고받기(타협)를 추구할 가능성이 크다. 영토나 동맹의 연루 및 방기 등 안보문제에서의 각종 위험에 대비할 필요가 있다.

따라서 정부는 미·중 어느 한쪽이 한국을 상대방에게 적대하도록 하는 것을 경계하여 추종하지 않아야 하고 어느 한 쪽과도 정면으로 대결하는 것은 피해야 할 뿐 아니라 최대한 양 쪽 모두와 우호관계를 유지해 가면서 자강력을 증진하고 여타 국가들과는 연대나 우호관계를 증진해 가는 것이 중요하다.

라. 한·중·일 협력 및 동북아 다자안보협력 모색으로 미·중 대립 위험분산

미·중 전략적 경쟁이 심화되고 트럼프 행정부 2기에 들어서서 한미동맹의 방기와 연루의 위험이 커지고 있으며 동북아에 신냉전 갈등 및 대립 구도가 형성되는 가운데 국제 협력 의존도가 크고 국가안보가 취약한 한국 입장에서는 안보 위험을 분산시킬 필요가 있다. 중·일 간 지역 패권 대립까지 더해지면 한국의 입지는 더욱 좁아들 수 있으므로 한국 정부는 한·중·일 간 협력을 진흥하고 동북아 국가들의 평화 및 안정 의지를 활용해 동북아 다자안보협력을 구축하는 정책을 추진하는 것이 현명하다.

특히 미·일 동맹 일변도 정책을 취하던 일본도 트럼프 행정부의 일방주의에 문제의식을 갖게되었고, 미국의 전방위적인 압박과 포위 공세로 수세에 몰린 중국도 한국 및 일본과의 협력을 희망하게 되었으므로 한·중·일 간의 경제 및 문화 교류를 중심으로 한 협력을 강화할 수 있는 여건이 조성되었다고 볼 수 있다. 이에 더해 예전부터 다자안보를 희망해 온 러시아의 의지를 잘 활용하면 동북아 다자안보 움직임을 구체화할 가능성이 커졌다고 여겨진다.

특히 탈냉전 이후 기후, 환경, 전염병, 에너지, 원자력 안전, 재난 구조 등 신안보 의제들이 주요 문제로 부각되면서 역내 국가들 간의 협력 필요성이 부각되고 있으므로 호혜적인 협력이 절실히 필요한 부분부터 다자협력을 모색하고 상호 간 충돌 방지와 긴장완화를 위한 신뢰 구축 조치에 대한 협력을 도모해 간다면 냉전 구도를 희석하고 미·중 대립의 부작용을 축소시킬 수 있을 것이다.

마. 러시아의 전략적 가치 최대 활용

러시아가 북한과 동맹을 맺고 북한이 러시아에 파병했으며 많은 양의 포탄을 공급하였을 뿐 아니라, 러시아가 북한의 인공위성이나 미사일 기술 등 첨단 군사기술과 경제적 지원을 제공하고 있는 것으로 보여 한국에서 러시아를 비우호국 수준을 넘어 적대국가로 보는 시각도 있다. 그러나 실용외교의 측면에서 보면 우리에 대한 피해를 최소화하는 것이 현명하고 국익 증진을 위해서는 선용할 가능성도 모색해야 한다.

먼저 러시아는 북·러 동맹이 반한적이라고만 보기는 어렵다는 점을 강조하고 있다. 러시아는 동맹조약이 일방이 침략당할 경우에만 군사지원을 제공한다는 점을 강조하고 한국이 북한을 공격할 가능성이 없으므로 염려할 필요가 없다면서 오히려 러시아가 한반도의 평화와 안정을 바

라므로 한반도 안보는 오히려 더 확고해진 것이라고 주장한다.

러시아는 북한 뿐 아니라 중국과도 매우 긴밀한 관계를 갖고 있고 두만강 유역에서 삼각 협력을 진흥시키려 하고 있으므로 한국이 이를 활용하면 이 지역에서 다자 경제협력을 추진할 기회를 가질 수도 있다. 또 현재는 전쟁 중이므로 러시아와 미국 관계가 갈등 국면이 강하지만 푸틴 대통령과 트럼프 대통령 간의 특별한 관계 그리고 푸틴과 김정은과의 우호관계를 주목하면 푸틴 대통령이 연해주에서 북·미 정상회담을 주선할 가능성도 배제할 수 없다. 나아가 우리 정부가 러시아와의 관계를 정상화하고 관계를 개선하면 푸틴이 남북 정상회담을 주선하고 다양한 남·북·러 경협 증진을 추진하는 기회를 제공할 가능성도 배제할 수 없다. 따라서 한·러 관계가 정상화되면 철도 및 가스관 연결사업, 두만강유역개발사업, 한·러의 북한 자원 공동 개발, 나진·원산 등에서의 관광사업 등을 추진하면서 한국과 러시아가 호혜적인 경제적인 이득은 물론이고 한반도의 평화와 안정, 그리고 북한의 개혁·개방을 추동하도록 협력을 모색할 수 있을 것이다.

07

준(準)강대국 한국의
국민통합 기반 지속가능한 한반도정책

박 명 림

연세대학교 교수

I
문제의 제기

한반도문제가 중대한 변곡점에 접어들고 있다. 국제 차원의 미중관계, 한반도 차원의 대한민국(한국.남한)과 조선민주주의인민공화국(조선.북한)의 상호 인식과 관계, 국내 차원의 국민 인식과 정부 대응이 모두 결정적 길항과 전환 국면이다. 한국의 전략과 선택이 결코 쉽지 않은 상황이다.

세 차원 모두에서 가장 중요한 근본 원칙은 한반도 안정과 평화의 지속, 그리고 국익의 제고가 아닐 수 없다. 이를 위한 최선의 방책은 국민통합에 기반한 지속가능한 한반도정책의 수립과 추진이다. 그것은 구조와 조건, 제도(기구·협정)와 정치, 그리고 전략과 정책, 이 셋의 이상적 결합에 의해 가능하다. 이제 이 셋을 통합적으로 결합하지 않으면 바람직한 한반도 정책의 창안과 실현은 불가능하다. 가장 중요한 출발점은 정확한 국가조건의 판독, 국가이익의 정의, 국가능력의 제고, 그리고 국민의지의 수용이라고 할 수 있다. 그것들의 종합적 결합지점에 국가전략과 국가정책이 존재하기 때문이다.

특히 현재처럼 진영갈등이 극심하여 국정의 연속성과 국민통합과 정책지속성이 보장되지 않는다면 단일 진영과 단임 정부의 일련의 정책은, 국내의 진영대결과 정부교체로 인해, 국내·한반도·국제 차원 모두에서 특정 정부 임기와 진영범주를 넘지 못하고 상호 부정을 반복할 것이기 때문이다. 진보-보수 두 진영 사이에 서로 충돌하는 두 개의 한반도정책으로 인해 내부 국민과 상대국가와 국제사회로부터 신뢰도 획득하기 어렵다.

변화하는 조건과 상황에 능동적으로 대응하는 가운데, 하나의 주권국가로서 대한민국은 어떻게 하면 그러한 단절과 급변침을 극복하고, 안정적이고 지속가능한 통합적 한반도 정책을 실현할 수 있을 것인가? 본고에서 필자는 국민의사에 기반한 통합적이고 지속가능한 한반도정책의 개략적인 원칙과 방향을 제시하고자 한다.

II
새로운 통합적 한반도정책의 조건 I :
한국의 국가능력과 국가위상

한국의 한반도정책에 대한 객관적 준거점의 확인과 확보는 가장 중요하다. 정책은 기본적으로 국가조건과 국가능력과 국가의지의 통합산물이다. 그럴 때 한반도정책의 객관적 국가능력과 국가전략 차원에서 가장 중요한 준거점은 이제 대국과 소국, 공급자와 수용자, 중심과 주변의 양자 택일의 범주를 넘는 것이다. 특별히 한국의 경우 한반도문제에 관한 한 국제사회 일반의 동학이자 전형적인 대응 양태인 앞에서 끌고가는 대국과, 뒤에서 끌려가는 소국의 이분법을 넘어야한다.

한국은 오래도록 기술과 문명, 가치와 제도의 수입하기, 모방하기, 따라잡기, 창조하기, 뒤집기, 그리고 앞서가기를 포함해 세계와 전체, 중심과 보편을 겨누고 겨냥하고 함께하는 인식체계와 접근방법에 능숙하다. 따라서 한국은 일반적 이분법을 넘어 기실 세계를 끌고 들어와 세계와 자기가 함께 나아가는 특이한 경계국가라고 할 수 있다.

그리고 과거의 그러한 방식을 오늘에 재현하여 한국은 망국에서 벗어난 지 1세기도 안되어 오늘날 준강대국의 지위에까지 치고 올라왔다. 따라서 오늘의 한국은 일반적인 경계국가, 또 과거 약소국-빈곤국, 중진국-중견국 때의 한국과는 다르다. 아니, 달라야 한다.

1. 준(準)강대국: 한국의 국가능력과 위상

한국의 국력은 이제 한반도 차원을 완전히 넘어선 지 오래다. 몇 가지 기준에 비추어 한국은 오늘의 국제질서에서 하나의 준강대국(semi great power)이라고 할 수 있다. 세계적 준(準)강대국의 위치에 올라선 것이다. 한국의 새로운 한반도 정책의 분명한 한 근거는 한국의 국력과 직결된다. 따라서 결론부터 미리 말해 한국의 한반도 정책은 조선과의 확고한 차별성을 갖고 보편과 세계를 지향할 필요가 있다. 일단 영토와 인구는 제외하고, 국가의 성취와 순위를 기준으로 살펴보자.

먼저 세계 최고의 부국으로 불리는 스칸디나비아 5국(스웨덴, 덴마크, 노르웨이, 핀란드, 아이슬란드)과 한국의 국력 비교를 보자.[1] 먼저 GDP의 경우 한국은 1조 7,127억달러인데 비해 스칸디나비아 5국은 1조 8,040억 달러로서 거의 비슷하다. 방위비는 한국이 479억 달러인데 비해 후자는 324.8억 달러로서 한국이 더 크다. 물론 이 크기는 국력의 크기임과 동시에 평화의 정도에 반비례한다는 점은 강조할 필요도 없다. 무역액은 한국이 1조 2,758억 달러임에 비해 5국은 1조 8,079억 달러이다.

두 번째는 인구는 한국의 30배, 영토는 300배에 달하는 아프리카 54개국가 전체와의 비교다.[2] 우선 GDP는 1조 7,127억 달러 대 2조 7,106억 달러다. 방위비는 479억 달러 대 517억 달러다. 무역액은 1조 2,758억

---

[1] 항목별 자료 출처는 아래와 같다. 영토, 인구(국민)는 CIA, *The World Factbook – Country Comparison*, GDP와 방위비는 World Bank Open Data, 수입액·수출액·무역액(한국)은 KOSIS 국가통계포털, 수입액·수출액·무역액(스칸디나비아5국)은 World Bank Open Data를 참조하여 종합 작성.

[2] 항목별 자료 출처는 아래와 같다. 영토, 인구(국민)는 CIA, *The World Factbook – Country Comparison*, GDP와 방위비는 World Bank Open Data, 수입액·수출액·무역액(한국)은 KOSIS 국가통계포털, 수입액·수출액·무역액(아프리카 54개국)은 World Bank Open Data를 참조하여 종합 작성.

달러 대 1조 4,372억 달러다. 우리는 여기에서 하나의 놀라운 사실을 발견하게 된다. 이 대륙 전체의 역량과 한국의 국력이 크게 차이가 나지 않는다는 점이다.

세 번째는 동아시아 인근 국가들과의 비교다. 오늘날 한국은 과거 함께 불리던 동아시아 네 마리 용에서 이제는 아시아의 네 마리 호랑이로 전변되었다고 할 수 있다. 전자가 중진국 시기 타이완, 홍콩, 싱가포르와의 비교라면, 후자는 현재 준강대국으로서 중국, 일본, 인도와의 어깨겨룸이라고 할 수 있다. 이제 특정한 부분, 이를테면 반도체 부분에서의 타이완과의 비교를 제외하면 한국은 전자군(群)보다는 후자군으로 분류되는 것이 훨씬 더 근접한다.

네 번째는 한국과 조선의 비교다.[3] GDP, 사회인프라, 제조업, 첨단산업, 군사력, 방위비, 무기, 무역규모, 과학기술을 비롯해 핵무기를 제외하면 두 나라의 국력을 비교하는 것은 사실상 무의미하다. 한국과 조선은 핵국가 대 비핵국가인 동시에 빈곤국 대 선진국, 약소국 대 준강대국 구도라고 할 수 있다. 제2차 대전 종전 이후 한국보다 오히려 더 나은 조건에서 출발했던 한국과 조선의 오늘의 상황은 전자의 체제 성공과 후자의 체제 실패를 상징한다.[4]

다섯째 역사적으로 비교하더라도 한국의 오늘날의 국력은 특정한 제국 시기를 제외하면 과거의 스페인, 영국, 프랑스, 독일, 일본의 국력에 비해 결코 작지 않다. 즉 과거 국제정치를 주도했던 선진 강대국들과 비

---

[3] 한국과 조선의 국력을 비교하는 국내·국제 통계 지표는 적지않다. 상세한 수치는 생략한다. 대표적인 한·조 비교 통계지표는, 통일부 '북한정보포털 남북한비교통계' 항목 및 '북한이해 군사력' 항목, 그리고 국가데이터처 '북한통계 주요지표' 항목을 참조할 수 있다.

[4] 2024년 노벨경제학상을 받은 학자들의 주장을 뒷받침하는 가장 대표적인 근거의 하나가 한국과 조선 각각의 성공과 실패라는 점은 매우 상징적이다. 대런 애쓰모글루, 제임스 A. 로빈슨 저, 최완규 옮김 《국가는 왜 실패하는가》 (시공사, 2012)

교해도 크게 뒤지지 않는다. 한국의 한반도정책을 유념할 때 어쩌면 이들과의 비교가 가장 중요한 준거가 될지도 모른다. 요컨대 과거 국제정치에 적극적으로 역할하던 이들이 국력수준에 도달한 준강대국이 자기 문제에 대한 확고한 자기 관점과 인식을 갖고 있지 못한다면 그것은 어불성설이다.

2. 해체된 한반도문제의 장기 구도: '한국과 주변 4강'

21세기 한국의 부상으로 인한 준강대국 위상과 관련하여 특별히 한반도문제를 보는 "한국과 주변 4강"이라는 전통적이고 정통적인 인식과 개념 구도는 이제 완전히 철폐돼야 한다.

역사적으로나 현재나 말할 필요도 없이 한반도문제는 기본적으로 국제문제이다. 따라서 국제조건에의 현명한 대응 및 주변 국가와의 긴밀한 협력은 필수 불가결하다. 그러나 적어도 아래의 요인들은 "한국과 주변 4강"이라는 오랜 문제 구도와 인식틀의 혁명적 해체를 요구한다.

"4강은 결정권자, 한국은 수용자"라는 과도한 패배주의는 말할 필요도 없으려니와, 적어도 "4강은 주도자, 한국은 추종자"인식도 맞지 않는다. 사실은 한국정부 주도의 한·미동맹 체결, 7.4 남북공동선언, 남북기본합의서, 한반도 비핵화 공동선언, 6자 회담, 금강산관광-개성공단, 미사일 사거리 제한 해제를 보더라도 역사적 사실에도 맞지 않는다. 지금은 더더욱 맞지 않는다. 과거 근대로의 이행이나 망국과 분단 당시, 또는 냉전 시대의 전반적 문제구도를 오늘의 한반도문제와 한국의 역량에 그대로 적용하는 것은 더 이상 맞지 않는다.

우선 종합국력 측면에서 한국은 최소한 세계 10권 내외의 국가이다. 게다가 군사력은 5-6강을 넘나든다. 따라서 이제 한국을 약소국, 주변

국가들을 4대 강국이라는 동일 범주로 보는 이분법적 시각은 교정되지 않으면 안된다. 그런 한국이 자신을 스스로 피동적 약소국으로 간주하고, 주변 국가들을 세계 최고 강대국으로 보는 인식과 대처는 옳지 않다. "하나의 약소국 대 네 개의 대국"이라는, 추수 대 주동과 같은 접근은 붕괴된 지 오래다.

둘째 이른바 주변 4강과의 관계 중 적어도 일본은 한국에게 역전당했다는 객관적 국력 지표와 발표들이 적지 않다. 특히 군사력의 경우 그러하다. 한국 대 4강은 존재하지 않는 구도인 것이다.

셋째로 세계적 차원에서도 일본은 이제 더 이상 4대강국이라고 할 수 없다는 점이다. 외교·안보·경제·기술·과학·문화를 종합할 때 이점은 분명해 보인다. 국제조사에서도 일본의 국력은 과거처럼 최상위국가로 간주되지 않는다.

넷째로 러시아의 경우 한반도문제에 관한 발언권과 영향력의 측면에서 과거 냉전시대 소련과 같은 강대국으로서의 위상을 현재에도 갖고 있다고 할 수는 없다.

이상의 네 가지 요인을 유념하여, 한국으로서는 한반도정책을 사유할 때, 그것이 갖는 국제문제·세계문제로서의 본질을 고려하는 가운데, 이제부터는 외부로부터 규정된 한반도문제와 그 해법에 수용·안주·적응하는 위치에서 벗어나야 한다. 즉 한국은 이제 스스로 한반도문제의 성격을 판별하고 규정하며, 개척하고 선도할 필요가 있다. 새로운 한반도정책의 가장 중요한 출발점은 특정한 정책방향의 채택에 앞서 이점을 먼저 인식하는 것이 되지 않으면 안된다.

Ⅲ
새로운 통합적 한반도 정책의 조건 Ⅱ:
남북관계의 중단과 실종

1. 남북관계 완전 단절과 실종: 한·조관계로의 전환의 한 근거

한국과 조선의 관계다. 아래에서 보듯이 현재 남북관계는 악화가 아니라 아예 사라졌다. 관계 자체가 거의 존재하질 않는 것이다.

우선 두 국가는 현재 공식적으로 최장의 대화 단절 상태이다. 최소한의 기본적인 국가 간 외교관계조차 부재하다. 서로 국경을 맞대고 존재하나 전면적 무(無)관계 상태인 매우 특이한 두 국가인 것이다. 무엇보다 2018년 12월 이후 현재의 시점에 이르기까지 공식적인 남북대화가 부재하다. 마지막 공식회담은 2018년 12월의 남북 체육회담이었다. 이는 1971년 남북당국 간 대화의 시작 이래 냉전 시대를 포함하더라도 역대 최장의 남북대화 단절상태라고 할 수 있다.

2019년 10월 스톡홀름 협상의 결렬 이후 북미관계도 중단된 상태이다. 이 점 역시 탈냉전 이후 가장 긴 북미 대화 중단 상태의 하나라고 할 수 있다. 북핵문제가 한반도와 동북아와 국제사회의 중대한 안보요인으로 등장했음에도 불구하고, 남북이건 북·미이건 대화는 장기간 중단된 상태인 것이다.

두 번째는 잘 알려져 있듯이 한국의 상대국가인 조선이 남북관계 자체의 완전한 단절과 적대를 추구한다는 점이다. 즉 어느 일방의 관계개선 시도로 쉽게 호전될 수 있는 상태가 전혀 아니다.

세 번째는 실제 거의 모든 영역의 관계 중단이다. 관광, 무역, 인적 왕래, 유학을 포함해 완전한 단절 상태다. 근대 국제질서와 국가관계에서 이웃나라 사이에 이토록 완전한 단절의 경우는 거의 존재하지 않는다. 즉 둘은 인접국가 간의 외교관계에서조차 거의 유례가 없는 관계단절 상태가 아닐 수 없다.

넷째로 인적 교류도 단절된 상태에서 급감하고 있는 탈북자규모에서 보다시피 당분간 조선의 국민들이 한국을 선택할 가능성도 크지 않다. 이것은 조선의 체제 실패와는 다른 차원이다.

2. 남남갈등에서 남남내전으로: 남북적대와 내부갈등의 선후와 강도(强度)의 역전

세계 최고 수준의 한국의 정치갈등은 진영대결에 관한 한 이제 민주화 직후의 남남갈등을 넘어 거의 심리적 남남내전 상황에 돌입해 있다. 남남내전은, 물리력을 동원하지만 않았을 뿐, 두 진영 사이에 거의 물리적 폭력 수준에 도달한 심리적 내전 상태를 말한다. 한국은 이제 정치적 견해가 다르면 결혼은 물론 식사를 포함한 일상적 인간관계와 대화조차 버거워하는 현실이다. 거의 최악 수준이라고 할 수 있다.

그런데 한국의 정치갈등 변천도정에 비추어 남남갈등에서 남남내전 상황과 인식으로의 전변 사이에는 하나의 주목할만한 변화가 읽힌다. 즉 민주화 초기에 등장한 남남갈등이라는 현상과 용어는 "남북문제를 둘러싼 남한 내부의 이념갈등"을 의미했다. 이른바 분단국가에서 민족문제가 갖는 휘발성을 말한다. 남북문제의 내부 정치대결로의 삼투였다.

말을 바꾸면 남북문제가 내부 정치를 위해 이념적으로 동원된다는 의미였다. 내부 지지를 확보하기 위한 민족문제의 정치적 이념적 동원을 뜻한다. 예컨대 진보와 보수 간에 서로 북한을 걸어서 수구·반통일 세력 대 종북·좌파세력으로 공격하는 현상은 전형적인 남남갈등이었다. 분단된 상대 절반의 존재를 걸어 내부의 반대세력을 공격하는 현실을 말한다. 그런 점에서 남남갈등은 분단의 파생물인 남북 적대의 내부로의 전이의 결과라고 할 수 있다.

그러나 남남내전은 이와는 반대의 의제 순서와 갈등 배열을 말한다. 즉 내부의 격심한 진영대결이 대북정책으로 연장·투영되는 현상을 말한다. 따라서 대북 정책의 선택에서는 국내의 진영구도와 지지기반에 대한 고려가 우선이다. 특히 현재처럼 승자독식 정치가 가능한 조건에서, 자기진영의 지지를 확보하기 위한 대북정책의 선택은 매우 쉬운 유혹일 수 있다. 실제의 객관적 상황 및 정책효과와 전체 국민의지는 주요 고려 요인이 아닌 것이다.

이를테면 조선에 대한 이념적 통일의지를 반영하려는 관성과 구호에 기반한 정부 내의 통일추진기구—예컨대 박근혜정부의 통일준비위원회와 윤석열 정부의 통일미래기획위원회—를 설치한 보수정부들이 통일정책의 제안과 추진은커녕 최소한의 남·북·한·조 대화조차 불가능한 강경 적대정책을 지속한 것은 통일 주장과 기구설치가 실제로는 내부용이었음을 증거한다.

따라서 진영 간 남남내전 상황에서는 상대와의 관계를 고려한 대북정책보다는 국내 정치를 우선한 대북정책이 채택되기 때문에 실제의 남북관계나 한반도문제의 해결이 더 어렵다. 실제로 보수 정부 아래에서 남·북 관계의 단절과 적대가 심화되었다. 남북대화조차 전면 단절되어 있는 상황에서 통일 기구를 설치하고, 또 말 위주의 통일정책을 추구한다는 것은 모순이 아닐 수 없다. 진보 정부의 경우에도 남북관계 단속적 개선에도 불구하고 장기적으로 북핵문제는 악화되었다는 점을 간과하였다.

말을 바꾸면 대북정책은 자기 진영의 관성과 내부 정치를 위한 활용이었기 때문에 남북문제의 실질적 해결 여부와는 유리된다. 그러나 다른 진영과 정당들이 국내정치를 위한 최고의 활용 자원과 재료로서의 역할과는 달리, 실제 조선 문제는 이제 일반 국민 사이에는 냉정할 정도의 균형점과 합의를 이루어가고 있다는 점이 중요하다.

3. 한국에서 북한문제 · 남북관계의 위상하락과 영향력의 실종: 한국과 조선의 현실적 심리적 이격

문제는 이러한 완전 단절 상태에서도 한반도상황이 특별히 더 악화하지는 않았으며, 한국의 안전과 국가발전이 크게 방해받지도 않았다는 점이다. 즉 조선과의 관계는, 가장 중요한 전쟁 방지와 적절한 위기관리 차원을 제외한다면, 한국에게 특별한 손해와 이익의 요소가 아닌 상태로 변전된 것이다. 우리로서는 좀 놀라운 점이 아닐 수 없다. 특별한 이익과 손해를 제공하지 않는/못하는 특정 상대와 굳이 의식적으로 관계개선을 시도할 필요가 없는 것이다. 물론 거듭 강조하지만 위기관리 및 통제가 필수라는 점은 강조할 필요도 없다.

조선의 한국에 대한 영향력 급격한 감소는 한국의 세계 준강대국으로의 국력발전에 힘입은 바 크다. 핵무기를 제외한다면, 그리고 때로는 핵무기를 포함하여도, 한국에 대한 조선의 존재감과 영향력은 그리 크지 않다. 한국과 조선의 국력비교는 이제 불필요할 정도다. 인도주의를 넘을 때, 현실의 영역에서 세계 최고 수준의 선진민주국가와 최악 수준의 빈곤독재국가가 이념이건 정책이건 정면으로 대등하게 맞서 대좌 · 대결 ·

대응한다는 사실 자체가 모순이 아닐 수 없다. 이런 조건과 상태에서, 한국이 최악의 전쟁방지와 보편적 인도주의 원칙의 범주를 벗어나, 조선과의 관계를 개선해야 할 현실적 이유와 객관적 근거는 존재하지 않는다. 국민의 의지와 인식의 차원에서 한국 국민은 이를 정확하게 인식하고 있는 것이다.

따라서 두 번째는 한국 국민의 냉정한 조선 인식이다. 한국 국민 역시 조선의 사태 및 조선으로부터의, ─부정적 긍정적 차원을 넘어─ 영향 자체에 대한 관심이 너무 적다. 아니, 좀 더 정확하게 말하면 조선의 존재(감) 자체에 대해 관심이 적다.[5] 한국의 많은 조사들은 이를 일관되게 보여준다. 이를테면 이제 한국의 대통령 선거와 총선거에서 북한문제는 핵심 토론의제로 다뤄지지 않는다. 특히 국민의 후보 선택 요인에서 남북문제의 정책 차이가 차지하는 비중은 매우 작다. 이제 어떤 여론조사에서는 후보 선택과 결정의 요인에서 대북정책을 아예 포함시키지조차 않고 있다. 국민들의 이러한 사실상의 합의에 가까운 인식 때문이지 않나 싶다.

그리고 국가를 구성하는 요소는 혈통·민족·언어·문화와 같은 배경적 요소가 아니라, 압도적으로 주권·국민·체제·영토와 같은 현실적 요소다. 한국민들은 조선국민들과 민족과 혈통의 동일성에도 불구하고 다른 주권과 체제와 이념에 속한 두 국민임을 객관적으로 인정하고 수용하고 있는 것이다.

---

[5] 통일연구원, 《KINU 통일의식조사 2024: 북한의 적대적 2국가론과 한국의 핵보유 여론》 (통일연구원, 2024).

Ⅳ
새로운 통합적 한반도 정책의 조건 Ⅲ:
국민의사와 국민의지

1. 인식의 통합 지점에의 도달:
한국 국가와 국민의 대조(對朝)=대북 인식과 정책 변천

조선에 대한 한국 국가와 국민의 인식은 매우 중요하다. 모든 국가정책은 국가능력과 국가의지=국민의지, 국가이익과 국가전략의 산물이 아닐 수 없다. 그런 점에서 한국의 대조정책은 당대의 객관적 상황과 국민의지의 산물이었다. 먼저 거시적으로 보면 인식과 정책의 아래와 같은 본질적인 변천의 궤적을 읽을 수 있다.

첫째로 두 국가의 등장 직후 조선은 한국과 한국국민에게 단지 괴뢰일 뿐이었다. 즉 한국과 조선의 '관계'라는 인식 자체가 성립할 수 없었다. 왜냐하면 대등이건 적대이건, 한국 국민과 국가의 관점에서는 정통정부와 임의집단의 '관계'는 상상 할 수 없었기 때문이었다. 합법적이고 정당한 주권 국가 한국과, 불법적인 '북괴'·'괴뢰'·'괴뢰집단'이 한국과 민족 '내부'에 불법적으로 '존재'할 뿐이었다. 조선이 한국에 대해 '남침'을 감행한 직후는 더욱더 그러하였다.

둘째로 한국 전쟁 이후 두 정체의 일정한 실존, 즉 현실적 공존이 지속되면서, 게다가 주체를 표방한 조선이 더 이상 소련과 중국의 '괴뢰'

가 아닌 것이 판명되면서, 또 조선의 국력이 한국과 대등하다는 점이 드러나면서, 한국에게는 타도대상 '북괴'와 공존의 실체 '북측'과 경쟁상대 '북한'이 상당 기간 혼재하였다. 정부와 언론의 용어와 인식은 이를 잘 보여준다. 북괴·북측·북한이라는 인식·용어·현실의 혼재와 함께 비로소 상호 '관계'가 점차 수용되고 작동하기 시작하였다. 앞으로 장기간 존재할 '남북관계'였다.

특이한 것은 당시의 타도는 사실 통일과 중첩된다는 점이었다. 조사에 따르면 "통일이 꼭 이루어져야한다고 생각하십니까"라는 질문에 대해 90.6%(1969년 조사), 91.5%(1971년 조사)가 "꼭 되어야한다"고 답하고 있다. 반면 "돼도 안 돼도 무방"과 "이대로 좋다"는 각각 연도에 3.1%와 2.8%, 그리고 6.2%와 2.3%였다.[6] 현재와는 완전 천양지차의 답변이었던 것이다. 당시 한국 정부의 국토통일원의 설립, 남북대화, 7.4공동성명의 추진은 상당한 국민적 근거를 갖고 있었음을 알 수 있다.

셋째로 한국의 민주화와 세계화, 사회주의 붕괴와 탈냉전, 한국과 조선 국력의 현저한 격차 및 조선의 위기, 그리고 한·조 접촉의 증가와 함께 "한국과 북한", "남한과 북한"이라는 이중 인식과 이중 관계가 병존하였다. '북괴'와 '북측'은 사라졌으나 정통성과 국력의 우위를 드러내는 한국·북한 용어의 조합—사실상 한·북관계—이 공식문서·언론·학술 부문에 등장하여 '내부적으로' 빈번히 사용되었고, 다른 한편 '관계 차원에서는' 민족주의와 통일열망을 반영하는 남·북(남한·북한) 관계 용어가 일반화하였다. '한·북'인식과 관계, '남·북'인식과 관계의 공존·병행이었다. 둘은 수시로 길항하였다.

---

[6] 국토통일원, 《〈국토통일에 관한 국민여론조사〉》(국토통일원, 1971), p.35. 통일연구원, 《〈KINU 통일의식조사 2024: 북한의 적대적 2국가론과 한국의 핵보유 여론〉》(통일연구원, 2024). p. 40 재인용.

넷째로 장기간의 접촉과 단절, 적대와 화해, 접근과 이격을 병행하면서 형성된 분립성과 독자성, 그리고 관계동학 각각의 강화로 인한 중대 변화이다. 남한과 북조선은, 또는 북조선과 남한은 접촉할수록 서로 차이와 독자성과 주권성이 더욱 뚜렷해졌다. 원자, 우주, 인간, 생물, 국가, 집단 간에 본질이 다른 존재들이 과도하게 접촉하고 접근할 때 발생하는, 이른바 중층동조화(over-coupling)였다. 점점 접근할수록 상대와의 통합 대신 본래의 자기 본질을 회복하기 위해 이격하려는 움직임을 말한다. 조선은 그동안 한국이 주변 모든 국가 중에서 접촉하면 할수록 더욱 탈동조화가 심화하고 있는 유일한 나라이다.

가장 최근의 양상이자 형태로서 이른바 사실상의 두 국가인 한국과 조선 각각의 확고한 국가성 확인과 한·조관계 흐름을 말한다. 그리고 바로 이 지점에서 한국민들의 조선에 대한 인식은 일정한 통합을 보여주고 있다. 즉 한국과 조선은 관계성과 접촉이 깊어질수록 상호 인식과 규정에서 독자성과 국가성을 더욱 강화하는 쪽으로 나아갔다.

장기적으로는 남북관계 개선과 북핵문제 악화도 병행하였다. 남북관계 개선과 북핵문제 악화라는 탈동조화 조합이거나, 최소한 두 문제는 공진하지 않았다. 한국과 조선은, 남·북관계에서 말하는 북한(실제로는 북조선, 또는 조선)도 실재하지 않고, 북·남관계에서 말하는 남조선(실제로는 남한, 또는 한국)도 실재하지 않는 현실에서 비로소, 자신과 상대가 전체의 절반이라는 인식을 넘어, 상대 국가의 분리된 직립성과 독자성, 전체성과 국가성을 수용하기 시작하였던 것이다.

물론 두 국가관념은 한국과 조선의 당국자들보다는 한국 국민이 가장 앞서 나아갔다. 그 점에서 최근의 조선의 '두 국가' 제창은 전혀 새로운 주장이 아니라 장기간의 실제 한·조관계 현실과, 훨씬 앞서 간 한국 내부의 국민의지와 담론들을 뒤늦게 인정·수용·추종한 것에 불과하다.

2. 국민의사와 국민의지: 민주화 이후 한국민의 한반도문제 인식

한반도 정책에 대한 최근의 여론 조사들이 보여주는 바는 매우 분명하다. 즉 진보-보수 정권변화와 이념분포에 관계없이 국민들의 인식과 정책의 진동폭이 일반적 예상보다는 매우 적다는 점이다. 즉 안정적이라는 점이다. 매우 중요한 점이다. 즉 국민통합 한반도 정책은, 통합을 목표로 해야한다는 당위의 측면을 넘어, 이미 존재하는 현실의 통합적 국민의사를 실제 정책에 반영하면 된다는 점이다. 가장 중요한 점이 아닐 수 없다. 국내 정치적 목적과 진영대결을 위해 정당과 정부가 내부의 특정 진영을 위한 정책을 선택하지 않으면 된다.

먼저 한국 국민은 거의 모든 조사에서 조선에 대한 인식에서 경계대상 또는 적대대상을 협력대상이나 지원대상 보다 더 높게 간주하고 있다.[7] 이 의사에 나타난 대조선 인식의 우선 순위는 조선의 핵 보유 이후에는, 한·조정상회담과 같은 특별한 시기를 제외하고는, 거의 일관된다. 즉 변화의 폭이 크지 않다. 한국 국민의 이러한 의사는 조선이 한국의 지원과 협력 여부에 관계 없이 지속해온 핵개발 및 대한 적대정책과 결코 무관하다고 할 수 없었다.

따라서 국민의 의사에 따를 때 합의 가능한 올바른 한반도 정책은, 조선의 대한 도발을 야기할 수 있는 적대정책·대결정책과, 국민의사에 반하는 지원정책·협력정책 사이의 균형과 중간지점이라고 할 수 있다. 국민의 대조(對朝) 인식이 경계·적대 대상인데 이를 무시하고 지원협력정책은 펴는 것은 민주적이지도 현실적이지도 않은 것이다. 우리가 평화공

---

[7] 통일연구원, 《KINU 통일의식조사 2024: 북한의 적대적 2국가론과 한국의 핵보유 여론》 (통일연구원, 2024).

존·분단공존·독립공존 정책을 제안하는 이유는 바로 그것이 현실적인 동시에 국민의사와 일치하기 때문이다.

따라서 민주화 이후 한국에서 한·조평화공존은 일종의 시대정신이었다. 즉 이는 사실상 국민적 합의였다. 아래의 조사를 보면 민주화 직후부터 현재에 이르기까지 한국의 최고의 시대정신과 국민의지는 평화적 분단유지, 즉 평화공존이었다. 민주화 직후의 한 방대한 조사분석에 따르면 당시 국민 일반의 집합의지는 현재의 우리 예상을 크게 벗어난다. 민주화 직후라 통일의지가 분출할 줄 알았는데 그렇지 않았다.

분단과 통일에 대한 견해를 묻는 질문에 대해, 무력통일보다는 차라리 분단상태를 선호한다는 응답이 67%에 달했다. 무력에 의한 통일보다는 분단상태를 선호하는 것이다. 다음으로는 전쟁위협이 없다면 굳이 통일할 필요는 없다는 답변이 20.3%였다. 같은 질문에서 무력 동원되는 한이 있더라도 통일은 절대로 필요하다고 응답한 비율은 최하비율로서 고작 12.3%였다.[8]

87.3%에 달하는 앞의 두 응답 비율은 사실 같은 내용이다. 즉 전쟁이 없는 한 현재와 미래에 모두 통일보다는 분단과 평화를 선호한다는 확고한 의사의 표현이었다. 한국사회의 오랜 민족주의적 오해 및 편견과는 달리, 통일과 평화를 일치시키는 것이 아니라, 평화주의의 관점에서 분단과 평화를 일치시키는 혁명적인 의식전환이 일어나고 있었던 것이다. 국민들의 놀라운 현실주의였던 것이다. 정책은 국민의지와 시대성(necessità)에 맞아야 한다.

같은 조사에서 49.2%의 국민들은 통일을 추구하기보다는 우선 국내

---

[8] 이호재, 오택섭, 최상용, 안문석 공저, 《《한국인의 평화의식과 통일관》》(고려대학교 평화연구소 연구총서 제2집 (법문사,1989), pp.121-123

적으로 민주주의를 정착시키는 것이 통일을 앞당기는 것이라고 보고 있었다. 다음으로는 경제발전(27.2%), 국방력강화(12.8%), 복지사회건설(10.8%)의 순이었다.[9] 당시에 이미 국민들은 통일의 장애요인을 한국과 조선의 이념과 체제의 차이에서 찾고 있었다.(37.2%). 두 국가에서 민족의식의 차이는 겨우 5.8%였다.[10]

중요한 헌법사항인 영토문제를 보자. 국민이 가장 이성적이고 가장 현실적이다. 한국의 영토에 대한 연속 조사에 따르면 노무현 정부(2005), 이명박 정부(2010), 박근혜 정부(2015), 문재인 정부(2020) 각각 '한반도' 대 '남한'의 응답 비율이 48% 대 26.3%, 48.6% 대 36.6%, 37.5% 대 52.3%, 29.2% 대 62.1%로 나타난다.[11] 상당한 변화가 아닐 수 없다. 대한민국 국민은 노무현 정부 시기를 제외하고는 어느 정부에서도 한반도 전체를 한국의 영토로 여기지 않고 있음을 알 수 있다. 특히 통일 정책을 추구한 이명박·박근혜 정부보다 더 남북관계 개선을 추구한 문재인 정부들어 조선은 한국의 영토가 아니라고 답변한 비율이 크게 높아진 것은 매우 흥미롭다.

같은 조사의 같은 연도 기준에 따르면, 한국민은 한국과 조선에 대해 "별개의 독립적인 국가이다"라는 질문에 대해, 각각 79.1% 대 21.0%, 80.5% 대 19.5%, 79.3% 대 20.7%, 90.2 % 대 9.8%로 답변하고 있다.[12]

---

[9] 《《한국인의 평화의식과 통일관》》, p.122.

[10] 《《한국인의 평화의식과 통일관》》, p.127.

[11] 동아시아연구원·중앙일보, 《《한국인의 국가정체성 조사》》(2005) : 동아시아연구원·아세아문제연구소·중앙일보, 《《한국인의 국가정체성 조사》》(2010, 2015) : 동아시아연구원·성균관대 공존 협력 연구센터·중앙일보, 《《한국인의 국가정체성 조사》》(2020) : 강원택, "EAI 워킹페이퍼: 한국인의 국가 정체성과 민족 정체성: 15년의 변화"(2020), pp.13-16.

[12] 동아시아연구원·중앙일보, 《《한국인의 국가정체성 조사》》(2005) : 동아시아연구원·아세아문제연구소·중앙일보, 《《한국인의 국가정체성 조사》》(2010, 2015) : 동아시아연구원·성균관대 공존 협력 연구센터·중앙일보, 《《한국인의 국가정체성 조사》》(2020) : 강원택, "EAI 워킹페이퍼: 한국인의 국가 정체성과 민족 정체성: 15년의 변화"(2020), pp.11-12

사실상 비교 자체가 필요 없는 압도적인 답변 비율의 차이다. 한국 국민은 거의 전부가 한국과 조선을 두 국가로 보고 있는 것이다.

대한민국의 '영토'를 규정하는 헌법 제3조—"대한민국의 영토는 한반도와 그 부속도서로 한다"—와 '반국가단체'를 정의하는 국가보안법 제2조—"정부를 참칭"—의 엄연한 존재에도 불구하고 조선은 하나의 국가이며, 한국의 영토가 아니라고 생각하는 국민들이 압도적 다수로 존재하고 있음을 알 수 있다. 조선을 국가로 인정하지 않은 일부의 극단적 주장은 헌법의 영토조항에 근거하여 조선은 엄연히 한국의 영토라고 주장한다. 또 두 국가론은 위헌이라고 주장한다. 그러나 그와 반대되는 의견을 갖는 대부분의 저 국민을 모두 위헌이라고 비판할 수는 결코 없다. 그들은 헌법을 몰라서 그렇게 인식하고 있는 것이 아니라 추상적 헌법규범보다는 실질적 헌법현실을 더욱 중시하고 있는 것이다.

진보-보수 정부를 넘는 최근의 일관된 국민 여론 역시 압도적인 두 국가론 지지로 나타나고 있다. 정부 기관의 공식 조사에 따르면 "북한도 하나의 국가다"라는 질문에 대한 응답은 보수-진보를 넘어 박근혜 정부 시기 [동의: 54.9%. 비동의: 12.1%. 2016년 6월 조사], 문재인 정부 시기 [동의: 58%. 비동의: 15.1%. 2018년 4월 조사], 윤석열 정부 시기 [동의: 61.1%. 비동의: 14.8%. 2024년 4월 조사]로서 모두 압도적으로 동의가 높다.[13] 첨예한 문제일수록 정부의 정책은 이러한 국민의 의사를 존중하고 수용하면 된다. 그러나 실제의 현실에서 정권별 대북정책의 차이와 거리는 매우 크다. 합의에 가까운 국민의사를 존중하지 않기 때문이다.

---

[13] 통일연구원, 《〈KINU 통일의식조사 2024: 북한의 적대적 2국가론과 한국의 핵보유 여론〉》 (통일연구원, 2024).

Ⅳ
한반도 정책의 통합 대안:
국가이익과 보편가치

1. 보편주의과 국가이익의 결합: 통합적 한반도 정책의 한 준거

통합적이고 지속가능한 한반도정책을 위해서는 보편적 가치와 원칙의 회복이 필수적이다. 그러나 인류 보편의 기준과 가치는 한국사회에서 한국과 조선의 분할 경계를 기준으로 급격하게 전치된다.

이를테면 인권문제를 보자. 한국의 진보는 국내 차원에서는 경제발전과 인권·민주화의 우선 순위에 관한 한 후자를 결코 소홀히 하지 않아왔다. 긴 반독재 민주화 운동과정에서 보수정부들의 경제발전 우선 정책은 강력한 비판의 대상이었다. 반면 보수세력은 오랫동안 민주주의보다는 경제발전을 더 중시하는 정책을 확고히 지속해왔다.

그러나 민주화 이후 현재에 이르기까지 두 세력의 집권 이후 대북정책 차원에서 이 두 조합은 완전히 역전된다. 즉 보수세력은 북한의 독재 비판, 인권과 민주화를 강력히 주장하는 반면, 진보세력은 독재와 인권탄압에 대한 비판은 유예한 채 대북지원과 경제발전·교류협력을 중시해왔다. 바뀐 것은 조선의 현실이 아니라 한국의 두 정치 세력과 정당이었던 것이다.

민주화와 외부 요소의 개입과 역할에 대한 인식 역시 동일하다. 한국의 민족주의 진보세력은 한국의 민주화와 독재 타도를 위해서는 보편주의 관점에서 장기간 세계의 민주세력·양심세력·인권세력의 강력한 지지와 연대를 호소하였으면서도, 북한의 민주화와 독재타도를 위해서는 북한 자신들이 해결할 문제라면서 북한이 내정간섭으로 주장할 수 있는 일체의 문제제기를 하지 않았다. 즉 그들은 이미 두 국가론을 실천하였으면서도 특수성에 매몰된 민족주의 관념을 견지하는 이율배반을 노정하였던 것이다. 반대로 보수세력은 정반대다. 거의 방관하였던 한국의 민주화의제와 달리 조선의 민주화에는 적극 참여하고 연대를 호소하였던 것이다.

이러한 진보-보수 사이의 급격한 역전은 핵문제에서도 동일하다. 한국의 진보세력은 한국에 미국 핵무기가 존재할 때 장기간 강렬하게 반전 반핵을 외쳤다. 그러나 북한의 핵무기에 대한 비판과 반대의 강도는 보수세력에 그것에 비하면 훨씬 더 약하다. 북핵에 대한 반대는 오히려 보수세력이 훨씬 더 강력하였다.

두 진영 사이에 한국과 조선의 국경을 기준으로 보편과 특수의 뒤집힌 만남은 이들 말고도 많다. 이런 상태에서 두 진영이 합의 가능한 일관된 대북정책을 지속한다는 것은 불가능하다. 물론 타협의 중심 지점은 보편주의와 국가이익과의 타협지점이다. 보편주의와 결합해야하는 것은 진보가 중시하는 민족주의도 보수가 중시하는 이념주의도 아닌 것이다. 보편주의와 국가이익의 접합은 한반도정책의 한 중요한 내부·외부 통합의 한 돌파지점이다.

2. 미중관계와 한반도문제: 한국의 통합적 한반도정책의 확장과 적용

한국은 역사상 주변 국제질서의 격변 시점에 극심한 분열과 갈등으로 주권망실, 전쟁, 강점, 분단의 고통을 겪은 바 있다. 즉 통합 대신 내부

분열로 인해 외부의 대결이 끝내 한반도 전체의 비극으로 연결되고 말았다. 이를테면 일본의 급격한 발전으로 인한 전통 시대 중국과 일본의 최초 대결에서는 동인과 서인의 내부 분열과 대결로, 중화체제의 해체와 근대국제질서로의 이행과정에서는 친청(親淸)·친일(親日)·친미(親美)·친러(親露)파의 격심한 대결로, 그리고 냉전 체제의 등장 시점에서는 좌파·우파, 친미·친소세력 사이의 분열과 적대로 인해 국제질서의 격변에 제대로 대응하지 못하는 한편 전쟁과 망국, 분단과 전쟁을 맞는 한 내부 요인으로 작용하고 말았다.

문명과 문명, 제국과 제국, 대륙과 해양이 충돌하는 경계국가에서 내부 통합은 다른 어떤 곳보다도 더 중요하다. 외부 요인의 원심력이 다른 어떤 곳보다도 크기 때문이다. 게다가 국제질서와 국력배열의 격변기에는 경계국가를 둘러싼 원심력은 평소보다 더욱 강력해진다. 오늘날 미국과 중국의 대결이 점점 심화되는 상황에서 한국 내부 진영대결의 격화가 극히 우려스러운 이유다. 그것은 좁은 한·조관계를 넘어 한반도문제 전체에 대한 한국의 발언권과 주도성 위축으로 연결될 가능성이 크기 때문이다.

미·중의 격렬한 대결 구도의 대두는 한국에게 다시 한번 중요한 선택의 갈림길일 수 있다. 그러나 안보와 경제와 국민의 의사에 관한 한 방향은 분명하다. 한·미동맹, 즉 안보는 불변의 상수이기에 문제는 경제와 국민 의사이다. 미·중 대결은 한국이 다시 맞이하는 하나의 어려운 국제조건이라고 할 때 중요한 것은 미·중 직접 대결과 충돌의 의제가 한반도문제로 삼투하지 않도록 대응하는 것이다. 우리는 미·소냉전과 한국전쟁의 폭발 사이의 유념할 때 반면교사로 배울 것이 한 둘이 아니다.

먼저 한국의 안전과 발전, 그리고 국제관계 동학에 비추어 안보는 미국, 경제는 중국이라는 구도, 즉 안미경중(安美經中)은 국가책략으로 채택하기는 어렵다. 그리고 이러한 접근과 정책은 한국의 한반도전략으로서 실제로 존재해오지도 않았다. 한·중 수교 이래 한·중경제관계의 급증은 기실 미·중 경제의 밀착과 동조화에 힘 입은바 크다. 당시 중국은 미국의 초청과 특혜 하에 세계 자본주의 시장경제체제에 급속하게 통합되면서 폭발적으로 성장하였다. 말을 바꾸면 미·중관계와 한·중관계는 서로 충돌하지 않았다.

특히 건국 이래 한국은 항상 외교와 무역이 일관되게 동조화하는 양상을 보여왔다. 한·미동맹, 한·일국교정상화, 경제개방, 한·중-한·소 수교, 미·중대결로 이어지는 한국의 외교관계 장기 변화국면에 따른 무역구조와 국제수지를 정밀하게 분석하면 한국의 무역규모 및 상대와 이익구조는 철저하게 외교안보 구도와 공진하는 양상을 보여왔다.

미국의 점령, 건국과 한국전쟁 직후의 한미동맹을 통해 세계 자유주의 국제질서와 자본주의 시장경제체제로 편입된 이래 건국 이래 1965년까지 한미 교역과 미국 원조가 차지하는 액수와 비중은 절대적이었다. 그러나 한일 국교정상화 이후 한국의 교역 선두는 한-미가 아니라 한-일로 바뀌며(65년 39% 대 34%에서 66년 37% 대 38%), 이 순위는 박정희시기 내내 지속되었다. 그러나 한국경제가 개방경제를 지향한 뒤에는 다시 미국이 1위를 차지하여 중국에게 1위를 내줄 때까지 지속하였다 (1980~2004). 2004년 이후 중국은 큰 차이로 1위를 차지하다가, 최근 미·중 무역갈등 이후는 한·중-한·미 차이가 급격하게 축소되었다.[14] 현재는 상당한 혼조를 보이고 있다. 즉 한미, 한일, 한중 외교관계가 교역의 관계·규모·비중·순위에 그대로 반영되어 왔음을 알 수 있다. 매우 밀접한 병진이다.

---

[14] 한국무역협회, 《《한국무역통계》》 각 연도를 바탕으로 작성.

한국에서 안보와 경제, 외교와 무역이 각자 분리되어 독자적으로 존재해오지 않았다는 점이다. 한국 외교와 안보의 성공의 산물이 경제이고 무역이었다는 점이다. 두 핵심 국가이익 영역의 조화와 병행이 절대적인 이유이며, 동시에 그것이 또한 한국발전의 근본 동학의 하나였다는 점이다. 즉 한국은 외교·안보체제와 경제·무역구조의 탈동조화가 불가능하다. 전자가 변화하면 후자 역시 함께 변화한다. 그러나 엄밀하게 말하면, 외교·안보가 먼저라는 점을 인식할 필요가 있다. 안보구도 안정의 토대 위에 경제관계의 변화와 발전을 이룩하였다는 점이다.

이 점 역시 한국 국민의 의사는 선명하다. 한반도문제에 대한 반복 조사에서 한국민들은 항상 가장 중요한 국가로서 미국을 들고 있다. 그것도 타국과는 비교가 불가능할 정도로 압도적인 차이를 보여준다. 한국 안보에 가장 중요한 나라, 한·미동맹의 필요성에 대한 질문은 항상 답변이 일방적이고 절대적이다. 또한 한·미관계를 한·중관계보다 훨씬 더 중요하게 여긴다. 한국인들이 인식하기에 그 중요도에서 중국과 한·중관계가 미국 및 한·미관계에 그나마 접근한 경우는 미·중관계가 비교적 좋을 시기에 한정된다. 미래에 미·중 경쟁이 심화할 경우 관계를 강화해야 할 국가 역시 압도적으로 미국이다. 한반도문제에 관한한 미·중갈등 국면에서 한국국민의 의사와 방향과 선택은 분명한 것이다.[15] 따라서 이 문제를 둘러싸고 정부와 정당과 진영이 국민의 의사와 관계 없이, 친중-반중으로 공격하면서 자신들만의 진영과 이념에 따른 정책 대결과 혼선을 빚는 것은 전혀 바람직하지 않은 것이다.

---

[15] The Asan Institute for Policy Studies, 《South Koreans and Their Neighbors 2025: Asan Poll》(2025),pp.1-21.

3. 한국과 조선:
한·조관계 – 통일을 추구하는 국가 대 국가의 특수 관계

이 문제와 관련하여 우선 조선의 김정은 위원장과 조선 당국의 반복되는 두 국가론은 두 국가론이 전혀 아니라는 점이 강조되어야 한다. 그것은 한국을 "적대", "군사", "영토평정"의 대상으로 간주하기 때문에 한국과 조선의 상호 인정과 평화공존을 추구하는 두 국가론이 전혀 아닌 것이다. 따라서 이에 대한 한국의 대응과 대안 천명 시에는, 조선의 적대적 두 국가론에 대한 본질적 비판이 필수다.

그러나 조선이 허구의 적대적 두 국가론을 통해 남북관계의 완전 단절·파기·적대 및 통일 포기를 천명한 상태에서 이의 방치 역시 위험하다. 조선문제에 대한 한국의 발언권 배제는 물론, 남북관계의 항구 단절과 적대를 통해 분단과 대결을 영구 고착시킬 위험성도 존재한다. 게다가 조선의 두 국가론은 통일과 비핵화를 항구적으로 차단하는 영구분단론인 동시에, 항구적 핵무장론이자 핵고도화의 추구정책이라서 한국으로서는 전연 수용할 수 없다.

또한 적대적 두 국가론의 방치와 현재와 같은 남북관계 완전 단절은 한반도 리스크 관리와 제거에도 맞지 않는다. 따라서 한국 내부의 민주주의 회복력을 한반도 평화 회복력으로 도약시킬 필요가 있다. 조선의 오도된 적대적 두 국가론을 계속 방치해서는 내부 민주주의의 한반도평화로의 승화는 불가능하다. 김대중-노무현-문재인 정부 출범 당시 남북관계와 북핵문제와 한반도평화는 심각한 위기 상황이었다. 그러나 이 세 정부는 모두 남북대화와 비핵대화와 평화공존의 물줄기를 크게 돌려놓은 바 있다.

이재명 정부를 포함한 한국의 미래 정부들은 이 업적과 노선을 계승·

발전시켜야 할 엄중한 상황과 사명에 직면해 있는 것이다. 정당하고 현실적인 해답과 해법은 한국(남한)과 조선(북한)이 각각 국가 대 국가로 상호 주권과 체제를 인정한 가운데, 독립공존·평화공존의 상태에서 장기적 과제로 통일을 추구하는, "통일을 추구하는 국가 대 국가의 특수 관계"를 확고히 정립하는 것이다. 통일을 미래의 과제로 미루는 평화적 두 당국, 두 정부, 두 국가를 말한다.

한국 정부는 이미 민주화 이후 대한민국의 공식 통일방안인 '민족공동체 통일방안'의 남북연합 단계에 '두 정부'를 명확하게 언급하고 있다. 이 때 말하는 '두 정부'는 '두 국가'의 다른 표현이다. 게다가 민족공동체 통일방안은 초기 노태우-김영삼정부 때 체계화하고, 이후 모든 정부가 이를 계승하였다. 당시의 한민족공동체 통일방안에 대해 이를 담당하고 추진하였던 한국의 고위 당국자는 분명하게 두 국가론이라고 언급한 바 있다.: "냉전의 끝자락인 1989년 9월 민주화의 흥분 속에서 여야 합의로 확정한 민족공동체통일방안은 한반도에서 두 국가체제가 상당 기간 공존·협력하는 제도화를 처방한 것이었다. 이 한국판 양국체제해결안(two states solution)에 따라 91년 남북기본합의서, 유엔 동시가입, 비핵화공동선언이 이뤄졌다. 만약 그 시기에 유일 초강대국이었던 미국이 주도해 남북 간 합의된 양국체제해결안에 대한 국제적 보장의 틀을 지체 없이 마련했더라면 한반도의 평화통일로의 진입이 가능하지 않았을까 하는 아쉬움은 아직도 남아있다."[16]

역대 한국 정부와 지도자들은 이 점에 크게 다르지 않았다. 그들은 선(先)건국 후(後)통일(이승만), 선건설 후통일(박정희), 선민주 후통일(김영삼·김대중), 선평화·선공존 후통일(노태우·김영삼·김대중·노무현·문

---

[16] 이홍구, "평화통일을 위한 분단체제의 제도화," 「중앙일보」, 2015년 9월 14일.

재인)을 추구해온 바 있다. 즉 모두 선대한민국, 후통일, 선국가 후민족, 선애국 후애족이었다. 향후 한국정부의 "선국가 후민족"에 입각한 선평화 후통일의 접근방식은 역대 진보-보수 정부를 모두 계승하며 통합하는 계기가 될 것이다.

그러나 북한을 국가로 인정하는 것이 인권, 자유, 평등, 민주주의, 평화, 복지라는 보편성에 기반한 한국의 정통성을 침해하는 것은 전연 아니다. 세습독재국가 조선의 정통성을 인정하는 것은 더욱 아니다. 위의 여러 조사는 국민들 역시 이를 명확하게 인식하고 있음을 분명하게 보여준다.

4. 정책의 지속성과 일관성

한반도정책의 효과는 많은 부분 정책의 일관성과 지속가능성에 달려 있다. 그러나 정책의 지속 가능성의 문제는 사실 정책의 차원이 아니라 정치의 영역에 해당된다. 정권교체나 정부의 특정 진영을 넘어 정책결정 당시 여야 사이의 타협과 대화, 연합과 연립이 가능하냐가 핵심이라는 점이다. 이 점은 정치의 영역에서 연립정부 구성 및 영역별 일관성을 통해 분단과 통일문제에서 인물과 정책의 지속성을 실현한 이미 오스트리아, 핀란드, 독일의 사례에서 분명하게 확인된 바 있다.

한국의 경우도 그러하다. 이 문제는 민주화 이후 한국은 두 시기로 나눌 수 있다. 민주화 이후 노태우·김영삼·김대중·노무현 정부 시기에는 핵확산금지조약(NPT)탈퇴로 인한 핵위기, 김일성 사망(이상 김영삼 정부), 그리고 핵실험(노무현 정부)이라는 조선발 돌발사태로 인한 한국 정부의 단기 혼선을 제외한다면, '정권 간에' 상당한 정책적 원칙과 일관성을 유지하였다.

첫째는 남북기본합의서 합의와 준수, 한민족공동체 통일방안 창안과 지속, 정상회담 최초 합의(김영삼)와 실행(김대중·노무현)을 통한 한·조관계 개선과 화해협력, 둘째는 한반도비핵화 공동선언, 제네바합의와 한반도에너지개발기구(KEDO), 6자회담과 9.19공동성명을 통한 한반도 비핵화 원칙고수와 합의도출 성공을 포함한다. 그것은 평시작전권 환수부터 이라크파병에 이르기까지 자주국방과 한미동맹 강화의 부문도, 그리고 한·중-한·소 수교부터 김대중·오부치 선언, 중국과 소련의 대북 제재체제 동참에 이르는 주변 국가와의 관계 강화 부문도 마찬가지라고 할 수 있다.

당시의 정권을 넘는 상대적 지속성과 일관성은 이후 정권교체와 한반도정책급변에서 드러난 정권별 정책 단절과 비교하면 상당한 수준에 달했었음을 알 수 있다. 즉 진보-보수에 따른 정권별 진영별 정책 차이가 실제로는 그리 크지 않았다는 점이다. 한·조관계의 완전 단절, 미국·조선 관계의 완전 단절, 조선 사실상의 핵국가화와 제재체제 붕괴에 직면한 오늘에 관점에서 볼 때 민주화 초기의 일정한 일관성과 성취는 매우 중요하다. 그러한 지속성과 점진적 발전이 4당합의 체제, 3당합당, 연립정권, 대연정 제안, 그리고 진영을 넘는 인물의 교차적 연속 등용과 같은 내부의 대화와 타협, 연합과 연립의 산물이었기 때문이다.

국제관계의 경우 역시 마찬가지다. 내부 연립과 연합, 지속성과 일관성이 담보될 경우 보수정부는 한미동맹 중시와, 진보정부는 남북관계 개선 중시라는 이분법은 존재하기 어렵다. 왜냐하면 한미동맹은 남북관계, 즉 현재의 한·조관계의 개선과 악화에 관계없는 상수이자 조건이기 때문이다. 또 미국·조선관계는 반드시 한·조관계와 연동되어 움직이는 것도 아니기 때문이다.

V
결론에 대신하여

세계사를 돌아볼 때 근대 이후의 주요한 성공 사례들이 한결같이 보여주었듯이 평화는 안에서 시작하여 밖에서 완성된다. 안의 통합과 평화가 전적으로 먼저인 것이다.(Concordia Domi Foris Pax.) 영국, 네덜란드, 독일, 스위스, 미국, 핀란드, 오스트리아의 장기 평화 시대가 보여주는 완벽한 일치다. 특히 경계국가는, 안이 갈라진다면, 필시 서로 다른 이해를 갖는 밖은 더욱 집요하게 안을 갈라치고 통째로 넘보려 달려든다.

안의 통합, 안의 평화가 밖과의 평화와 공존의 필수 선결요소인 까닭이다. 안의 평안과 평화, 통합과 공존이 밖과의 그것의 제일 절대 요건이라는 점을 깨닫기만 한다면 우리는 끝내 한반도 항구평화의 적정 조건을 안출할 수 있을 것이다. 그리하여 광복 80주년을 넘으며 한국은 한반도와 동아시아와 세계를 향한 평화디자인을 안출할 수 있을 것이다.

먼저 국제 차원의 경우, 미·중대결이 한반도문제로 직접 삼투되지 않도록, 진영과 정권을 넘는 국제외교와 한반도정책의 현실적 균형이 긴요하다. 흔들림 없는 한·미동맹과 유연한 한·중협력을 결합한 전략적 자율성 공간의 확보를 말한다. 특히 한반도가 한·미·일 대 조·중·러의 대결 구도의 전초기지가 되어서는 결코 안 된다. 경제와 무역, 기술과 첨단산업, 군사력과 방산 분야에서는 이미 '준강대국'의 위치에 올라선 한국은 이제 국제관계와 한반도문제 영역에서도 당당한 주체성과 일관된 원칙과 상당한 자율성을 추구·확보·실현하지 않으면 안된다.

다음으로 조선민주주의인민공화국(이하 조선. 북한)에 대해서는 한국 내부의 전통적인 두 가지 대립적 원칙과 접근의 통합, 즉 평화와 통일, 안보와 공존, 비핵평화와 한·조관계[남북관계] 개선 사이의 내부 타협과 통합 접근이 필수다. 이를 위해 지난 80년 동안 현실적으로 존재해온 한국과 조선의 두 국가와 두 정부를 상호 인정한 토대 위에 장기 미래의 과제로 평화통일을 추구할 필요가 있다. 민주화 이후 한국 국민의사 역시 명백히 두 국가를 지지한다. 국민통합 기반 정책이란 다른 어떤 것이 아니라 이러한 국민의사를 수용하면 된다. 그렇지 않을 경우 한반도 정책은 국민통합과는 유리된 채 정권별로 진영을 추수하며 큰 진폭을 노정할 수밖에 없게 된다. 한국과 조선 역시 서로를 인정하지 않는 특수한 적대관계를 지속할 위험이 있다. 한·조 기본조약, 또는 한·조 기본협정의 체결은 두 국가 관계의 정상화를 위한 중요한 중간 디딤돌이 될 것이다. 물론 자체 핵무장과 궁극적 비핵화 사이의 합의 가능한 중간단계와 조치, 즉 핵억지력의 확보를 위한 실질적 대안 마련도 중요하다.

끝으로 국내 차원에서는 남남갈등을 넘어 이제 거의 심리적 남남내전 상태에 다다른 승자독식과 진영대결을 극복할 수 있는 헌정제도와 연합정치의 실현이 필수적이다. 그것이 없다면 국제 및 한반도 차원의 정책은 내부의 단절과 급변침으로 인해 단임 정권을 넘는 추동력과 지속성을 갖지 못할 것이다. 이 때 가장 중요한 공통의 출발점은, 마치 국민합의처럼 주요 여론조사들이 보여주고 있는, 민족보다는 국가를, 통일보다는 평화를, 그리고 한국과 조선의 두 국가 현실을 인정하는 국민의사를 수용하는 것이다. 국민의사가 가장 중요한 지반이 되지 않으면 안된다. 한반도 정책은 가장 대표적인 탈진영적 공공의제다. 공공의제일수록 국민의지를 따르면 된다.

전체주의 국가인 상대가 한반도 평화를 주도할 수 없는 조건에서 이 문제는 중요하다. 즉 한국이 민주주의 원리를 따라 시민의지의 수용과 존중에 기반한 정당과 진영 사이 관념적 이념적 갈등의 돌파를 통한 일관성과 주도권의 동시 확보를 말한다. 나아가 그럴 경우 한국과 조선의 대등한 위상과 장기 평화공존을 보장해 상호 간에 무력통일·적화통일·흡수통일·민족통일의 위협과 의심을 크게 줄일 수 있다. 또한 두 국가의 인정은 '대북'정책과 '통일'정책에 갇힌 사정(射程)을 '한반도'정책과 시야 차원으로 크게 넓힐 수 있게 된다. 그리하여 안정과 지속성을 확보하게 되는 것이다.

두 번째는 민주화 초기 정부들의 성공적 사례가 보여주었듯이, 높은 수준의 연합정치·연립정부 또는 낮은 수준의 정책연합과 담론연합을 통한, 합의가능한 공통의 한반도정책 요목과 범위와 수준을 획정하는 것이다. 이를테면 대한민국의 사활적(vital) 의제에 대해서는 진보-보수 어느 쪽이 집권하건 논쟁과 공방을 유예하는 것이다. 이러한 의제연합의 달성에는 진영 부족주의와 파당심을 넘는 정치리더십의 공공성과 애국심이 가장 중요하다.

셋째는 기구의 문제다. 국회 차원에서는 한반도특별위원회의 설치다. 이를 통해 여야가 상시적으로 주요 정보를 공유하며, 한반도 현안과 정책을 논의하고 합의를 시도한다. 국민의 대표인 국회가 한반도문제에 대한 합의를 이룬다면 정부의 교체에 따른 정책의 진폭도 줄일 수 있을 것이다.

또 정부와 내각 차원에서는 기존의 통일부를 한반도부로 전환하여 좁은 남북관계와 통일문제를 넘어 한반도정책 전반을 아우를 필요가 있다. 그리하여 한반도평화, 한반도인권, 한반도경제, 한반도환경, 한반도보건의료와 같은 영역으로 넓어져야 한다. 물론 통일부에서 한반도부, 통일에서 평화, 통일추구에서 두 국가공존으로의 전환은 현행 헌법 내에서도 얼마든지 실현 가능하다. 만약 (서독의 사례처럼) 영토조항에 단서 조항을 삽입할 경우, 현실적인 두 국가 평화공존과 원칙적인 통일 추구는 더욱 완벽하게 양립가능하다. 강조할 필요도 없이 궁극적 통일을 고려할 때 헌법의 영토와 통일 조항은 포기할 수 없다.

넷째는 내부의 국민통합과 국제협력구도에 기반한 남북관계의 한·조관계로의 확고한 전환이다. 이제 서로에게 특수한 존재인 한국(남한)과 '북한', 또는 조선(북조선)과 '남조선' 사이의 '남북'관계와 '북남'관계는—적대이건 협력이건—관념을 넘어 현실에서는 더 이상 존재하지 않는다. 따라서 남북관계는 복원과 개선 역시 불가능하며, 바람직하지도 않다. 그리하여 한·조관계는 상호 주권 국가로서 "통일을 추구하는 국가 대 국가의 특수관계"를 유지할 필요가 있다.

대한민국은 민주공화국이다. 우리가 민주공화국을 수립한 이유는 안과 밖, 개인과 공동체 모두의 평안과 평화를 위해서다. 항구평화는 진영과 정부가 아닌 전체 공화국과 국민의 의사의 반영, 즉 국가방략의 통합과 연속성이 아니고는 결코 달성될 수 없다. 공화국의 평화는 전체 개인과 전체 사회와 전체 나라의 평화다. 지도자 개인의 평화도 아니요 특정 정부와 진영의 평화도 아니다. 자기의 평화와 이웃의 평화를 유지하였을 뿐만 아니라 나아가 세계평화 안출에 기여한, 빛나는 인류 선례의 내부 타협과 통합 방략과 철학을 정녕 깊이 배우지 않으면 안된다. 그럴 경우 끝내 우리는 장기 독립공존체제, 즉 한반도 장기 평화체제를 향유할 수 있을 것이다.